Knaur
MensSana

Von Gisela Elisabeth Geiger ist außerdem erschienen:

Schüssler-Mineralsalze und Vitamine –
Bausteine für Schönheit und Gesundheit

Über die Autorin:

Gisela Elisabeth Geiger wurde 1937 in Stuttgart geboren. Sie ist diplomierte Kosmetikerin und Visagistin und hat eine Ausbildung als Heilpraktikerin. Seit vielen Jahren arbeitet sie in beiden Berufsfeldern mit den verschiedensten alternativen Behandlungsmethoden, gibt Beratungen und hält Vorträge und Seminare.

Gisela Elisabeth Geiger

Die Schüssler-Mineralsalze

Das Praxisbuch zur Selbstheilung

Knaur
MensSana

Wichtiger Hinweis:
Die von der Autorin vertretenen Auffassungen in bezug auf Krankheiten und ihre Behandlung weichen teilweise von der allgemein anerkannten medizinischen Wissenschaft ab. Jeder Leser ist aufgefordert, in eigener Verantwortung zu entscheiden, ob und inwieweit die in diesem Buch vorgestellten Naturheilverfahren und Naturheilmittel für ihn eine Alternative zur Schulmedizin darstellen.

Besuchen Sie uns im Internet:
www.droemer-weltbild.de

Vollständige Taschenbuchausgabe 2001
Droemersche Verlagsanstalt Th. Knaur Nachf., München

Umschlaggestaltung: ZERO Werbeagentur, München
Umschlagabbildung: Romy Gallina
Satz: Ventura Publisher im Verlag
Druck und Bindung: Nørhaven A/S
Printed in Denmark
ISBN 3-426-87116-5

2 4 5 3

Inhalt

Vorwort

Dieses Handbuch wird Ihnen einen Einblick in ein einmaliges System der natürlichen Heilweise ermöglichen. Ganz individuell können Sie daraus gesundheitliche Vorteile für sich und Ihre Familie ziehen, ohne daß Sie sich wegen eventueller Nebenwirkungen beunruhigt fühlen müßten.
Der vorliegende Text ist mit größter Aufmerksamkeit und dem bestmöglichen Studium der Heilmittel entstanden. Er beinhaltet eine Ansammlung von Erkenntnissen und Erfahrungen verschiedener Ärzte, die für Ihre Gesundheit von großer Bedeutung sein können.
Die Schüssler-Heilmethode eignet sich sowohl für Laien, die an Selbstheilung und Eigenverantwortung für ihre Gesundheit interessiert sind, als auch für Therapeuten, die mit Naturheilmethoden arbeiten. Die Anschaffung aller zwölf Mineralsalze für die Hausapotheke ist eine gute Vorsorge für den Fall, daß Krankheiten plötzlich und akut ausbrechen. Ein komplettes Set bietet die Deutsche Homöopathische Union (DHU) in Karlsruhe, das in den Apotheken bestellt werden kann. Die Schüssler-Mittel sind rezeptfrei; ein Döschen mit 80 Tabletten kostet momentan etwa 6 Mark.

Erwarten Sie nicht, daß Sie die Mittel alle sofort in ihrer Eigenart und Wirkungsweise erfassen, sondern nehmen Sie dieses Buch immer wieder zur Hand. Als Wegbeglei-

ter zu einem gesunden Leben wird Ihr Vertrauen zu diesen Heilmitteln mehr und mehr wachsen und zu Ihrem körperlichen und psychischen Wohlbefinden beitragen.
Die Empfehlungen für den Einsatz der Mittel könnten noch wesentlich erweitert werden, jedoch soll Ihnen die vorgenommene Beschränkung auf das Wesentliche den Einstieg in diese sehr umfangreiche Materie erleichtern. Nach intensiverer Beschäftigung werden Sie ständig neue Möglichkeiten für den Einsatz der Heilmittel zur Behandlung und Heilung von Beschwerden entdecken.

An dieser Stelle möchte ich meinen drei Kindern herzlich danken: Isabelle und Boris für immer wieder neue Anregungen und geduldiges wiederholtes Manuskriptlesen und Lutz für seine Engelsgeduld beim Erklären von Computertricks. Außerdem gilt mein Dank meinen Freunden, die mich von Anfang an bestärkt und mir mit ihren Ideen und auch mit Kritik geholfen haben, dieses Buch zu schreiben. Ihnen allen und einer großen Leserschaft wünsche ich viel Glück und Gesundheit auf ihrem weiteren Lebensweg und, wenn es einmal nicht ganz so gut geht, brauchbare und heilsame Hinweise aus diesem Buch.

München, Oktober 1998 *Gisela Elisabeth Geiger*

Einführung

In der Geschichte der Heilkunst tritt ein Name in der Erforschung und Entdeckung der Wirkungsweise von Mineralsalzen ganz besonders in Erscheinung: Dr. Wilhelm Heinrich Schüssler. Seine wissenschaftliche Vision und Forschungsarbeit waren seiner Zeit weit voraus.
Professor Dr. med. Wilhelm Heinrich Schüssler wurde im August 1821 in der Nähe von Oldenburg geboren. Nach einigen Jahren des Studiums verschiedener Sprachen studierte er an den Universitäten von Berlin, Gießen und Paris Medizin. Sein besonderes Augenmerk richtete sich bereits damals auf verschiedene Naturheilweisen und im besonderen auf die Homöopathie. Nach dem Studium eröffnete er in Oldenburg eine eigene Praxis und arbeitete als homöopathischer Arzt. Im Lauf seiner Praxisjahre konzentrierte er sich mehr und mehr auf die Wirkungsweise und Forschungsergebnisse der Mineralstoffe.
Wilhelm Heinrich Schüssler starb 1898 im Alter von 77 Jahren.

Dr. Schüssler veröffentlichte 1873 das erste Mal einen Artikel in einer Zeitschrift für Homöopathie mit dem Titel »Eine abgekürzte homöopathische Therapie«. Er schrieb, daß ihm die allgemein üblichen Arzneien entbehrlich geworden seien, seit er mit nur zwölf anorganischen Stoffen, das heißt physiologischen Funktions-

mitteln des Organismus, arbeite, und daß man mit diesen Mitteln auf kürzestem Wege zur Heilung gelangen könne. Es handele sich dabei um zwölf anorganische Mineralsalze, die sich in Blut und Gewebe des Menschen befinden.
Durch jahrelange Versuche und den daraus gewonnenen Erkenntnissen in der Medizin gelangte er zu der Überzeugung, daß die Ursache aller Lebensvorgänge sowie die Ursache der Veränderungen von Organen und Geweben in der Erregbarkeit der Zellen zu finden ist. Dies bedeutet, daß auch die Entstehung und die verschiedenen Formen von Krankheit im wesentlichen auf die Tätigkeit der Zellen zurückzuführen sind.
Dr. Schüsslers Entdeckungen wurden später von zahlreichen Forschern bestätigt und als sehr bedeutend erachet. Heute erlernen mehr und mehr Menschen das Biochemie-System als eine neue (alte?) natürliche Heil- und Behandlungsmethode ohne schädliche Nebenerscheinungen.
Die Biochemie unterscheidet sich ganz wesentlich von herkömmlichen Therapien. Sie kommt ohne den Gebrauch von Drogen und symptomunterdrückenden Medikamenten aus und heilt durch ihre anorganischen mineralischen Substanzen, die Mineralsalze, die die Selbstheilungs- und Entgiftungskräfte im Körper mobilisieren und aufbauen. Man weiß schon längst, daß Mineralstoffe für unseren Körper und seine Gesundheit unentbehrlich, ja lebensnotwendig sind.
Durch Rudolf Virchow, den Begründer der Cellular-Pathologie (Pathologie = Lehre von den Krankheiten

und ihren Ursachen), wurde Schüssler stark beeinflußt. Virchow, dessen Behauptung, daß alles Leben, auch die pathologischen Vorgänge, an den Zellstaat gebunden sei, bis heute Gültigkeit hat, leistete bahnbrechende Arbeit für ein stärkeres Bewußtsein der biochemischen Zusammenhänge in unserem Organismus. Virchow entdeckte, daß der menschliche Körper aus einer enormen Anzahl lebender winzigster Zellen aufgebaut ist, von denen jede einzelne aus drei perfekt ausbalancierten Stoffen besteht: nämlich Wasser, organischen und anorganischen Substanzen. Wasser und organische Substanzen, wie beispielsweise Zucker, Protein (Eiweiß) und Fett, bilden den größten Anteil in unserem Körper. Die anorganischen Elemente, also die Minerale, sind in wesentlich kleineren Mengen im Körper vorhanden, aber sie sind genauso wichtig als Aktivstoffe für die Verwertung und Ausnützung der dem Körper zugeführten organischen Stoffe sowie für die Zellneubildung. Wenn diese lebenspendenden anorganischen Elemente im Blut fehlen, weil etwa aufgrund einer mangelhaften Ernährungsweise dem Blut und den Zellen nicht genügend Mineralstoffe zugeführt werden, kann die Zellneubildung nicht ungestört stattfinden. Zahlreiche gesundheitliche Beeinträchtigungen können dadurch die Folge sein.

Ein Mangel eines oder mehrerer Mineralstoffe kann verschiedene Ursachen haben: eine falsche Ernährungsweise, die zu viele denaturierte und zuwenig natürliche Nährstoffe enthält, Entzündungsherde im Körper, Autointoxikation und Verletzungen. In diesen Fällen kann man mit der Einnahme von Mineralstoffen den Transport von Vitalstoffen (zum Beispiel Vitamine, Spurenelemente) und die Reparatur kranker Zellen sowie den Abtransport von Ausscheidungsstoffen fördern und die Wirkung anderer Medikamente positiv beeinflussen.

Wenn die Zellen nicht die richtige Nahrung erhalten und sich nicht regelmäßig von toxischen Abfallprodukten durch ihre eigene Aktivität reinigen können, bleiben Beschwerden nicht aus. Die unsichtbaren natürlichen Kräfte in uns sind die effektivsten Beschützer unserer Gesundheit. Aber ebendiese Kräfte, das heißt unser Immunsystem, kann nicht funktionieren, wenn unser Blut nicht die nötigen Stoffe zur gesunden Zellneubildung und damit zur Abwehr von Krankheitserregern enthält.

Es sei an dieser Stelle auch auf einen sehr wichtigen Punkt im Zusammenhang von Ernährungsweise und der biochemischen Heilmethode hingewiesen: Die Mineralstoffe können sich in einem Milieu von Übersäuerung und starker Verschleimung, die sich nicht nur in Magen und Darm, sondern im ganzen Körper krankheitserregend auswirken, wesentlich schlechter entfalten als in einem ausgeglichenen Säure-Basen-Haushalt. Es ist deshalb empfehlenswert – und das nicht nur während der Behandlung mit Mineralstoffen nach Dr. Schüssler –, Nahrungsmittel, die in hohem Maße tierisches Eiweiß enthalten, so wenig wie möglich zu genießen. Es handelt sich dabei hauptsächlich um Fleisch, Käse und andere Milchprodukte sowie Eier. Auch Fisch gehört zu den stark eiweißhaltigen Nahrungsmitteln und sollte deshalb selten sowie stets in kleinen Mengen gegessen werden. Ein Übermaß an Genußmitteln wie Kaffee, Cola-Getränken und Limonaden, Süßigkeiten und allzu viele Weißmehlprodukte wie Pizza, alle Nudelsorten und Kuchen sind der Gesundheit abträglich. Denn es ist nicht möglich, diese »Säurebomben« mit der Einnahme von Mineralstofftabletten unschädlich zu machen!

Immer häufiger ist zu beobachten, daß durch die Anwendung von Antibiotika und die dadurch gestörte Darmflora der Hefepilz *Candida albicans* auftritt. Er kann sich dann besonders stark entwickeln, wenn vorzugsweise die oben beschriebenen Lebensmittel gegessen werden, denn sie alle sind Säure- und Schleimbildner. Sie ebnen Allergien wie Heuschnupfen, Neurodermitis, sich lang hinziehenden Erkältungen und vielen anderen Krankheiten, die durch ein geschwächtes Immunsystem auftreten, den Weg.

Eine ideale Ernährungsweise besteht aus ungefähr 80 Prozent Gemüse und Obst, die restlichen 20 Prozent können sich aufteilen in Nüsse und Samenkerne, Vollkornbrot, Getreideprodukte, Fette wie Butter, Olivenöl und andere kaltgepreßte Öle. Wenn gesündigt werden »muß«, tun Sie es mit Hingabe. »Essen Sie alles, aber von allem wenig«, war eine sehr sinnvolle Empfehlung meines Heilpraktiker-Lehrers. Machen Sie nach dem Genuß von wenig nahrhafter, aber meist dickmachender Nahrung eine längere Pause, in der Sie wieder gesund essen!

Was bedeuten die Begriffe Biochemie und Mineralstoffe nach Dr. Schüssler?

Das damals neue Behandlungssystem mit den Mineralstoffen nannte Dr. Schüssler *Biochemie.* Bemerkenswert daran ist, daß nur zwölf Mittel notwendig sind, um eine vollständige Zusammenstellung zu erhalten, die in Form von anorganischen Substanzen in unserem Körper zu finden ist.

Die hier beschriebenen biochemischen Mittel werden unterschiedlich, nämlich als Mineralstoffe, Mineralsalze, Gewebe-, Blut- oder Lebenssalze oder als Funktionsmittel, bezeichnet.

Mineralstoffe sind vollkommen harmlos und ohne Nebenwirkungen; sie sind keine Drogen in irgendeinem Sinne. Sie versorgen einfach den Körper mit anorganischen Stoffen in potenzierter Form, die eine schnelle Absorption und Wiederherstellung der Balance und der Selbstheilungskräfte im Körper gewährleistet. Diese Lebenssalze heilen, indem sie in einem natürlichen Prozeß die Störungsursache aufheben.

Mineralsalze sind keine grobstofflichen Minerale, wie sie etwa in Nahrungsmitteln vorkommen. Durch die Potenzierung wirken sie auf den Organismus als sogenanntes Zellfunktionsmittel. So greifen sie tief in das gesamte Körpersystem ein und wirken auf der physischen wie auch auf der psychischen Ebene in ganzheitlicher Weise.

Die Darreichungsform nach Dr. Schüssler besteht in kleinen Tabletten auf Milchzuckerbasis. Alle in diesem Buch beschriebenen Mineralsalze sind auch als Globuli

oder in flüssiger Form sowie in niedrigen und höheren Potenzen frei in den Apotheken erhältlich.
Mit Ausnahme von *Silicea* bestehen die Kompositionen aus einem basischen und einem sauren Element. So ist zum Beispiel der Stoff, der durch den ersten Wortteil in der doppelten Wortkombination aufgeführt ist, basisch, und der Stoff, der im zweiten Wortteil steht, sauer (ein Beispiel: *Ferrum* = basisch, *phosphoricum* = sauer). Diese harmonisch ausgewogene Kombination fördert die hohe Wirksamkeit der Mittel.
Das biochemische System steht durch jahrelange Forschung und Tests auf fundiertem Boden. Es gilt als längst bewiesen, daß die Biochemie als Behandlungsmethode ein Feld großer therapeutischer Möglichkeiten erschließt. Wie bereits erwähnt, sind die Mineralsalze risikolos, ohne jede Nebenwirkung einsetzbar und ganz auf die Natur des Menschen abgestimmt. Nicht zuletzt aus diesen Gründen kann kein naturheilorientierter Therapeut die Funktionsmittel heute noch ignorieren.

Unterscheiden sich die Mineralstoffe von der Homöopathie?

Über diese Frage sind sich weder die Heiler und Ärzte noch die Hersteller einig. Die einen meinen, durch die Potenzierung gehörten diese Stoffe in die Gruppe der Homöopathie. Die anderen behaupten jedoch, daß das homöopathische Prinzip hier nur zum Teil Anwendung finde.

Die Mineralstoff-Grundsubstanzen, wie sie für die Schüssler-Funktionsmittel Verwendung finden, werden nicht in ihrer Urform, also unverdünnt eingenommen, sondern wie in der Homöopathie, in potenzierter Form angeboten. In den höheren Potenzierungen (ab der D12-Potenz) der Mineralsubstanzen üben diese lediglich einen Reiz zur Selbstheilung auf die Zelle aus. Dieser Reiz mobilisiert die Körperkräfte zu unterschiedlichen Reaktionen, wie zum Beispiel den Aufbau des Abwehrsystems, eine bessere Fettverbrennung, eine bessere Absorption der Stoffe aus den Nahrungsmitteln usw. – je nachdem, welcher Mineralstoff eingenommen wird.

Die Einnahme gänzlich unverdünnter Minerale könnte zu Krankheit und schädlichen Ablagerungen im Körper führen. In den niedrigeren Potenzen (D2 bis D6) hingegen wird durch die Einnahme der fehlende Mineralstoff zwar zum Teil direkt ergänzt, ist aber aufgrund seiner Potenzierung unschädlich.

Da Mineralstoffe eine aufbauende Wirkung auf Blutbeschaffenheit und Zellen haben, wirken die Schüssler-Salze durch die Gabe fehlender Mineralstoffe von außen. In der Homöopathie wird, wie oben beschrieben, nur ein Reiz (ohne etwas Stoffliches zu substituieren) gesetzt, um die Selbstheilungskräfte zu entfachen. Stoffe, die in der Homöopathie Verwendung finden, würden in ihrer unverdünnten Form die vorliegende Symptomatik einer Krankheit sogar erst hervorrufen. Deshalb ist es bei einer homöopathischen Behandlung äußerst wichtig, zwischen Arzneimittel, dem Wesen der Krankheit und

der Symptomatik die größtmögliche Übereinstimmung zu finden. In potenzierter Form werden Gifte zum Heilmittel, denn »Gift ist eine Mengenfrage«, wie der Begründer der Homöopathie, Dr. Samuel Hahnemann, sagte. In der Homöopathie werden, um die beste Wirkung zu erzielen, kleine Gaben in meist großen Abständen gegeben.
In der Biochemie hingegen sind im Unterschied zur Homöopathie die eingenommenen Mittel eben diejenigen, die der Körper bei Mangelzuständen braucht. Sie werden mit den Schüssler-Salzen verabreicht. So erklärt sich auch die Empfehlung von kurzen Einnahmeintervallen und den hohen Dosen: von fünfminütlichen Gaben in akuten Krankheitsfällen oder auch bis zu 30 Tabletten per Einnahme.

In einem gesunden Körper sind alle Mineralsubstanzen in ausreichender Menge vorhanden. Wenn jedoch durch Krankheit, unzureichende Ernährung und Übersäuerung Mängel an Mineralsalzen entstehen, kann durch das Einnehmen in der von Dr. Schüssler empfohlenen Form der Mangel ausgeglichen werden.

Die *Potenzierung* geschieht durch Verdünnung der Grundsubstanz. So wird zum Beispiel zur Herstellung einer D6-Potenz der Schüssler-Salze 1 Gramm der Grundsubstanz mit 10 Gramm Milchzucker über einige Stunden verrieben. Das ist die erste Dezimalpotenz = D1. Nimmt man aus dieser Substanz wiederum 1 Gramm und verreibt sie mit 10 Gramm Milchzucker, so entsteht die Potenz D2. Wiederholt man diesen Vorgang bis zur D6-Potenz, so hat man die ursprüngliche Grundsubstanz 1 Million mal verdünnt. Je höher also die Potenzierungszahl ist, um so weniger ist von der stofflichen Grundsubstanz enthalten. Es ist jedoch der Impuls darin verblieben, und dieser übt einen Reiz auf die Zelle und somit auf deren Selbstheilungskräfte aus. Das Immunsystem wird zur Herstellung von Abwehrstoffen angeregt und stärkt so die gesamte Körperorganisation.

Bereits der Begründer der homöopathischen Heilmethode, Samuel Hahnemann, hatte festgestellt, daß die Stärke des Reizes, je nach Höhe der Potenz, maßgeblich ist für die zur Gesundung beitragenden Kräfte. Seine Forschungen ergaben, daß kleine Reize (durch hohe Potenzen) die Lebenskräfte wecken und mobilisieren, mittelgroße Reize (durch mittlere Potenzen) sie fördern, große Reize (durch niedrigere Potenzen) sie hemmen und sehr große Reize (durch die niedrigsten Potenzen) sie aufheben. In neuerer Zeit wurden zahlreiche Forschungen durchgeführt, deren Ergebnisse diese Behauptungen bestätigen. Pilzkulturen, die in Labors angelegt und mit verschieden starken Nährlösungen gezüchtet wurden, gediehen am besten mit der Lösung in der höchsten Potenz.

Dr. Schüssler hat bei seinen Behandlungen meist die D6-Potenz verabreicht, mit Ausnahme der drei Mittel *Calcium fluoratum* (Nr. 1), *Ferrum phosphoricum* (Nr. 3) und *Silicea* (Nr. 11), die vom Körper besser in der D12-Potenz aufgenommen werden.

Bei einer ausgewogenen Ernährung versorgen wir unseren gesunden Körper ausreichend mit Mineralstoffen. Umweltgifte, Streßsituationen und Bewegungsmangel rauben jedoch einen großen Anteil von Mineralen und anderen lebenswichtigen körpereigenen Stoffen. Dadurch entstehende Krankheiten können durch die Schüssler-Funktionsmittel auf gesunde Weise und ohne jeden unliebsamen Nebeneffekt behoben werden.

Allgemeine Hinweise zur Behandlung mit biochemischen Heilmitteln

Wann ist eine Selbstbehandlung sinnvoll?

In diesem Buch ist eine Fülle von therapeutischen Möglichkeiten mit dem biochemischen Verfahren dargestellt. Die Anwendungsgebiete sind im wesentlichen für alltägliche, häufig auftretende Beschwerden, leichtere Erkrankungen und Befindlichkeitsstörungen ausgewählt. Wenn der zu Behandelnde in der Lage ist, seine persönliche Situation aufgrund eigener oder allgemein bekannter Erfahrungswerte richtig einzuschätzen, kann er die Entscheidung, ob Selbstbehandlung empfehlenswert oder ärztliche Therapie notwendig ist, ohne größere Schwierigkeiten treffen. Die biochemische Behandlung kann in jedem Fall eingesetzt werden, vor allem auch als begleitende Maßnahme zu ärztlichen Verordnungen.

Einnahme- und Dosierungsempfehlungen

Einnahmeempfehlungen:

Die Tabletten sollen langsam im Mund zergehen, denn so ist die schnellste und beste Aufnahme über die Schleimhäute und Speicheldrüsen gewährleistet. Weniger Wirkung zeigt es, wenn die Tabletten mit Flüssigkeit

hinuntergespült werden, da die Verdauungssäfte in Magen und Darm die Mineralsalze verändern. Es können jedoch bei Einnahme mehrerer verschiedener Mineralstoffe alle Tabletten, die während des Tages genommen werden sollen, morgens in einem Glas abgekochtem Wasser gelöst und über den Tag schluckweise getrunken werden. Dabei ist zu beachten, daß die Flüssigkeit vor dem Hinunterschlucken länger im Mund verbleibt und richtig eingespeichelt wird.
Es ist darauf zu achten, daß die Tabletten nüchtern, das heißt in großem Abstand zu den Mahlzeiten, genommen werden. Da die Mittel sehr bekömmlich sind, können sie zu jeder Tageszeit genommen werden. Je nachdem, wie akut das Krankheitsbild erscheint, kann die Häufigkeit der Einnahme bedenkenlos erhöht werden. Eine Überdosierung ist kaum möglich. Beobachten Sie Ihren Körper und dessen Botschaften, die er Ihnen anhand der Symptomatik mitteilt.
Genußmittel, wie etwa Nikotin und Alkohol, Süßigkeiten und zuviel Kaffee, sollten während der Therapie auf jeden Fall und auch ansonsten möglichst gemieden werden.
In vielen Fällen ist die optimale Wirkung mit einem einzigen Mittel zu erzielen. Voraussetzung ist eine sorgfältige Diagnose anhand der Symptome, so daß die Art der Erkrankung mit der Wahl des Mittels genau getroffen wird. Wenn jedoch zwei oder drei Mittel auf die festgestellten Symptome passen, dann können diese abwechselnd in halbstündigem Abstand über den Tag verteilt genommen werden; zum Beispiel um 9 Uhr Mittel A, um 9.30 Uhr Mittel B, um 10 Uhr Mittel C, um

10.30 Uhr wieder von vorn. Die Intervalle, in denen die Mittel genommen werden, sollten in den ersten zwei Tagen bei akutem Krankheitszustand sehr kurz sein (5 bis 10 Minuten).

Im nicht akuten Krankheitsfall, also zur allgemeinen Vorbeugung von Mängeln, sollten bei der Einnahme der Mineralsalze die besten Einnahmezeiten berücksichtigt werden, damit die Stoffe vom Körper optimal aufgenommen werden. Die Einnahmezeiten sind jeweils im Anschluß der Beschreibung des Mineralstoffes unter dem Kapitel »Beschreibung der zwölf Heilmittel in ihrer Funktion und Wirkung« (ab Seite 43) angegeben.

Noch ein wichtiger Hinweis: Mineralsalze können ohne Bedenken neben anderen Medikamenten eingenommen werden. Sie wirken in jedem Fall unterstützend auf den Heilungsprozeß.

Dosierungsempfehlungen:

Die allgemein empfohlene Dosierung für einen Erwachsenen bei bereits länger bestehenden Beschwerden *(chronisch)* sind 4 Tabletten als erste Gabe morgens nüchtern, dann über den Tag verteilt noch weitere 4- bis 6mal 1 bis 2 Tabletten.

In *akuten* Fällen, das heißt beim plötzlichen Auftreten von Beschwerden, nimmt man zuerst 4 Tabletten, dann etwa alle 5 bis 10 Minuten 1 Tablette am ersten Tag und etwa die halbe Dosierung am zweiten Tag. Nach dem Abklingen der akuten Phase genügen etwa 6 Einnahmen am Tag.

Für Kinder ist die empfohlene Tagesdosis wie folgt:

Säuglinge	3mal 1 Tablette
Kleinkinder ab 1 bis 2 Jahre	4mal 1 Tablette
Kleinkinder ab 2 bis 5 Jahre	5mal 1 Tablette
Kinder ab 6 bis 10 Jahre	3mal 2 Tabletten
Kinder ab 11 Jahren	wie bei Erwachsenen

Kleineren Kindern können die Tabletten zerdrückt als Pulver auf die Zunge oder in die Nahrung gegeben werden. Das Pulver kann auch mit etwas abgekochtem Wasser vermischt gegeben werden. Da die Tabletten auf Milchzuckerbasis hergestellt sind, schmecken sie leicht süß und sind deshalb auch für kleine Kinder angenehm zu nehmen.

Welche Potenz ist zutreffend, und wie lange sollte die Therapie dauern?

Es wird im allgemeinen in akuten Fällen die Potenz D6 und in chronischen Fällen D12 genommen. Als chronisch werden Krankheiten und Leiden bezeichnet, die länger als drei Monate andauern oder sich in mehr oder weniger regelmäßigen Abständen wiederholen, zum Beispiel ein Schnupfen, der alle paar Wochen auftritt. Die von Dr. Schüssler empfohlene und meist zutreffende Potenz ist D6. Drei der Mineralstoffe bilden jedoch eine Ausnahme: *Calcium fluoratum*, *Ferrum phosphoricum* und *Silicea*. Da ihre Löslichkeit geringer ist, sollten sie in

der D12-Potenz genommen werden. Der Körper nimmt diese besser auf.
Grundsätzlich gilt, daß die Einnahmedauer so gut wie nie zu lange erfolgen kann, denn es handelt sich um generell gesundheitsfördernde Mittel.
Wie bei der homöopathischen Behandlung kann es – muß aber nicht – zunächst zu einer typischen Erscheinung, der sogenannten Erstverschlechterung, kommen. Dieser Vorgang bestätigt, daß das gewählte Mittel das passende ist. Diese Reaktion geht jedoch bald vorüber, und meist stellt sich schon nach kurzer Einnahmezeit eine spontane Besserung ein. Sind die Beschwerden chronisch und bestehen bereits seit einigen Jahren, erfordert die Behandlung etwas mehr Geduld. Dann ist zur vollständigen Heilung meist eine monate-, wenn nicht jahrelange Einnahme nötig.

Die Bestimmung des passenden Heilmittels

Die schnellste und nach einiger Übung eindeutigste Methode zur Bestimmung des richtigen Mineralstoffes ist die Antlitz-Diagnose. Sie wird auf der nächsten Seite ausführlich beschrieben. Mit dieser Methode wird die Vorgehensweise wesentlich erleichtert.
Außer der Antlitz-Diagnose sind auftretende Symptome die Warnsignale des Körpers. Bei vorsichtiger und eingehender Betrachtung sind sie Hinweise darauf, welches der Heilmittel zur Behandlung eingesetzt werden kann. Symptome können sehr unterschiedlich auftreten, etwa

in Form von Schmerzen, Entzündungen, Schwellungen, Nachtschweiß, allergischen Reaktionen und zahlreichen Hauterscheinungen.

Art und Lokalisation der Symptome zeigen an, welcher Mineralstoff für die Behandlung in Frage kommt. Jeder der Mineralstoffe hat für sich ganz charakteristische Eigenschaften.

Zum Beispiel im Falle von Frösteln und wäßrigem Schnupfen, Verlust des Geschmacks- und Geruchssinns oder exzessivem Durst, die alle aus einem allgemeinen Mangel im Wasserhaushalt des Körpers herrühren können, ist der richtige Mineralstoff *Natrium chloratum* (Kochsalz). Dieses Mittel ist dann einzusetzen, wenn die genannten Symptome dominant sind. Neben diesen müssen jedoch auch die weniger auffälligen Anzeichen beachtet werden, für die meist auch ein passender Mineralstoff gefunden wird. Aufgrund von Symptomen kann sozusagen ein »Hauptmittel« gefunden werden, welches abwechselnd mit einem anderen Mineralstoff genommen werden kann, der die Behandlung weiterer Nebenerscheinungen abdeckt. So ist *Ferrum phosphoricum* gegen Entzündungen, *Magnesium phosphoricum* bei krampfartigen Schmerzen und Unruhe, *Natrium phosphoricum* bei Übersäuerung einzusetzen. Diese Schlüsselsymptome sind leicht zu erkennen und geben neben der Antlitz-Diagnose einen sicheren Hinweis auf den passenden Mineralstoff.

Die Antlitz-Diagnose – das Gesicht als Spiegel der Blutbeschaffenheit

Etwa fünfzig Jahre nach Dr. Schüsslers erster Veröffentlichung erschien das »Lehrbuch der Antlitz-Diagnose« von Kurt Hickethier. Er beschreibt darin, welche Merkmale der Farbe und Beschaffenheit der Gesichtshaut etwas über einen Mangel eines oder mehrerer biochemischer Mineralstoffe aussagen.

Die Antlitz-Diagnostik kann als Lehre über die Feststellung von Krankheiten für die Biochemie verstanden werden. Bevor größere Gesundheitsschäden auftreten und sich in ihrer spezifischen Symptomatik zeigen, können Mangelerscheinungen meistens schon an der veränderten Farbe und Beschaffenheit der Gesichtshaut festgestellt werden. Man benötigt ein wenig Übung und muß genau hinschauen, um die feinen Unterschiede zu erkennen.

Es steht bei Mangelzuständen regelrecht im Gesicht geschrieben, welches Mineralsalz gebraucht wird. Diese Diagnoseart führt auf direktem Weg zum Wesen der Krankheit und eventuell zum erkrankten Organ. Die Befragung des Patienten ist zwar wichtig, jedoch ist die Diagnose anhand genauer Beobachtung und Betrachtung des Antlitzes ein untrüglicher Hinweis auf die fehlenden Mineralsalze.

Anmerkung: Es müssen nicht immer *alle* aufgeführten Anzeichen gleichzeitig zu erkennen sein. Es sind lediglich die *möglichen* Merkmale aufgeführt. So sind zudem viele Kombinationen unter den genannten Anzeichen möglich. Genausogut kann es aber sein, daß nur ein oder zwei der angegebenen Zeichen pro Mineralsalzmangel auftreten.

Wie erkenne ich einen Mangel im Gesicht?

Die nachfolgenden Begriffe zur Darstellung einer Hautbeschaffenheit wurden von Dr. Hickethier erstellt. Therapeuten, die mit seiner Diagnosemethode arbeiteten, haben ihre Richtigkeit später mehrfach bestätigt.

Kurzfassung der markantesten Hinweise in der Antlitz-Diagnose

bei Mangel an:	die markantesten Zeichen/ Farben im Gesicht:
Calcium fluoratum	rötlich-schwarz, Würfelfalten
Calcium phosphoricum	Blässe, wächsern
Calcium sulfuricum	gelblich-grau, wächsern, Pigmentflecken
Ferrum phosphoricum	Schatten, bläulich-rote Ferrum-Röte (hitzig)
Kalium chloratum	bläulich-weiß, milchfarben, rötlich
Kalium phosphoricum	aschgrau, wie ungewaschen, müde
Kalium sulfuricum	braun-gelb
Magnesium phosphoricum	zarter Rosé-Schleier oder Magnesia-Röte

Natrium chloratum	gedunsen, Gelatineglanz, Schuppen
Natrium phosphoricum	Mitesser, Fettglanz (abwischbar)
Natrium sulfuricum	grünlich-gelb, entzündliche Röte (Nase)
Silicea	Krähenfüße, frühe Falten, Glasurglanz (nicht abwischbar)

- **Die Röten**

Das hellste Rot ist das der *Magnesia-Röte*. Ein feiner rosiger Hauch, ein schwach hervortretendes Rosé mit Neigung zum Karmesinrot deutet auf das Fehlen von *Magnesium phosphoricum* hin. Dieses Rot fällt als unnatürlich auf. Die Röte zeigt sich ungefähr fünfmarkstückgroß auf den Wangen neben den Nasenflügeln. Dort treten die meisten anderen Röten nicht auf. Nur die milchig-bläuliche Farbe des *Kalium-chloratum*-Mangels zeigt sich zuweilen an dieser Stelle. Durch sie leuchtet die Magnesia-Röte etwas mehr ins Karmesinrot und tritt dadurch um so deutlich hervor.
Die *Ferrum-Röte* tritt etwas satter in einem leicht bläulichen Farbton auf und ist in der Regel von einer heißen Stirn begleitet. Bei Fieber tritt die beschriebene Wangenröte und -hitze auf. Dann liegt meist ein Mangel an *Ferrum phosphoricum* und *Magnesium phosphoricum* vor. Die Ferrum-Röte liegt meist auf Stirn, Wangen und Ohren und geht immer mit erhöhter Hauttemperatur an diesen Stellen einher.
Von der *entzündlichen Röte* schreibt Hickethier, daß sie

relativ selten vorkommt. Sie erscheint samtartig, ist matt und glanzlos und erfordert *Natrium sulfuricum.* Wenn die Röte durch einen Glasurglanz überlagert ist, so liegt ein *Silicea-* und *Natrium-sulfuricum-*Mangel vor. Diese Röte zieht sich vorzugsweise über den Nasensattel. Auch Gesichtsrose und Frostbeulen sowie die sogenannte »Säufernase« fallen unter diese Röte. Wobei generell gilt, daß Anzeichen einer »Säufernase« nicht unbedingt auf einen Alkoholiker hinweisen müssen.
Die *gesunde Röte* verschont Stirn und Nase. Die Wangenröte ist sanft und verlaufend, nicht fleckenartig eingegrenzt.

- **Verschiedene Hautfärbungen und Schatten**

Bei großem Mangel an *Kalium phosphoricum* ist eine stark aschgraue Farbe, vor allem am Kinn und an den Schläfen, festzustellen. Es ist eine schmutziggraue Färbung zu erkennen, und es entsteht der Eindruck, daß die Haut schlecht gereinigt sei.
Eine grünlich-gelbe Färbung der Haut zeigt sich bei *Natrium-sulfuricum-*Mangel. Sie tritt auf an den Schläfen zu den äußeren Augenwinkeln hin und in einem senkrechten Streifen vor den Ohren. Zu unterscheiden ist die braun-gelbliche Färbung bei Mangel von *Kalium sulfuricum,* die an den unteren Augenlidern auftritt. Die gesamte Gesichtsfarbe ist leicht braun-gelblich gefärbt, verstärkt jedoch unter den Augen.
Starke braune Färbungen an den Augenlidern deuten oft auf Nierenerkrankungen hin, und es besteht meist ein Mangel an allen drei Natriumsalzen *(Natrium chlora-*

tum, N. phosphoricum, N. sulfuricum). Die Gesichtshaut ist fahl gelblich bei diesen Mängeln.

- **Der Glanz und die Oberflächenbeschaffenheit der Haut**

Die gesunde Haut ist mattglänzend. In der Antlitz-Diagnostik werden speckig-fettiger, glasiger, firnis- und gelatineartiger Glanz unterschieden.

Der *Fettglanz* erweckt den Eindruck, als sei die Haut mit Speck oder Fett eingerieben worden, und deutet auf einen Mangel an *Natrium phosphoricum* hin. Oft kann eine starke Fettabsonderung bereits kurze Zeit nach dem Waschen festgestellt werden.

Der *Glasurglanz* läßt die Haut glasig und dünn erscheinen. Sie glänzt, als wäre sie mit Glas überzogen. Die Poren sind fast nicht zu sehen. Hier fehlt *Silicea.*

Der *Firnisglanz* sieht glänzend und leicht gelblich aus, so als wäre das Gesicht mit Firnis überzogen. Er erscheint zuerst auf der Stirn. Es fehlen *Kalium sulfuricum* und *Natrium sulfuricum.*

Der *Gelatineglanz* ist ein Mangelzeichen für *Natrium chloratum.* Er entsteht durch das Ausschwitzen von Mucinen (Schleimstoffen) und bevorzugt die Nase und deren Umgebung. Zudem zeigt er große, oft erweiterte Poren und schmierige Lidrandstreifen an den unteren Augenlidern, bei großem Mangel bis hinunter über die Wangen.

Zwischen den Begriffen *milchig, wächsern* und *käsig* gibt es feine Unterschiede, die bei guter Beobachtung genaue Hinweise geben. Milchig-bläuliche Blässe erfordert *Kalium chloratum.* Wächsern erscheint das Gesicht und von rötlich-gelblichem Weiß, wenn der Körper *Calcium phosphoricum* benötigt. Die beiden Mittel können sehr gut im Wechsel genommen werden, wenn man sich mit der Diagnose nicht so ganz sicher ist. Unter »käsig« versteht man die kreidebleiche, matte, glanzlose, nicht ganz glatte Gesichtshaut. Auch hier ist die eben erwähnte Mittelkombination im Wechsel zu verabreichen.

Mitesser sind Verstopfungen der Talgdrüsen, so daß das natürliche Hautfett nicht abfließen und sich auf der Hautoberfläche verteilen kann. Je mehr sich die Poren öffnen und die Mitesser an Größe zunehmen, desto größer ist der Bedarf an *Natrium phosphoricum.* Oft ist dieser Hauttyp trotzdem fettig. Bei Mitessern auf trockener, käsig aussehender Haut fehlt zusätzlich *Kalium chloratum.* In dem Maße, in dem *Natrium phosphoricum* genommen wird, verringern sich die Mitesser. Natürlich sind einige Monate Geduld nötig, um diesen wahrscheinlich schon Jahre bestehenden Mangel auszugleichen. Auch wenn sich das Hautbild bereits gebessert hat, sollte *Natrium phosphoricum* immer wieder genommen werden. So wird das Blut weiterhin entsäuert, und das ist für die Gesundheit von viel größerer Bedeutung, als die Mitesser loszubekommen!
Sommersprossen können eingedämmt oder vielleicht sogar beseitigt werden, wenn *Kalium sulfuricum* über längere Zeit eingenommen wird. Vorher sollte jedoch darauf geachtet werden, ob eventuell ein Mangel an *Kalium chloratum* besteht, der zuerst bekämpft werden müßte. Wenn dieses Mineralsalz fehlt, entwickelt die

Haut Sommersprossen, um sich mit der verstärkten Pigmentierung zu schützen.

Faltenbildung ist oft auch ein Zeichen von Mangelerscheinungen. So sind sogenannte *Wurmfalten* bei Kindern zu beobachten, obwohl sie sonst eine ganz glatte Haut haben. Sie gehen von den inneren Augenwinkeln in gerader Linie etwa 45 Grad von der Nase abweichend über die Oberkiefer. Dort erscheinen sie in einem feinen Strich von ca. 2 bis 4 Zentimeter Länge. *Natrium chloratum* und *Natrium phosphoricum* sollten dann eingegeben werden. Gleichzeitig kann man Einläufe mit je 10 bis 20 Tabletten (je nach Alter des Kindes) und abgekochtem lauwarmem Wasser machen.
Der Bandwurm wird durch sogenannte *Lachfalten* links und rechts vom Mund angedeutet. Hier werden gute Heilerfolge erzielt mit *Natrium phosphoricum, N. sulfuricum* und *Silicea.*
Mastdarmfalten liegen in derselben Linie wie die Wurmfalten, treten jedoch auffälliger hervor und sind am Ende etwas den Ohren zu gebogen. Sie deuten auf krankhafte Zustände des Mastdarms hin. Häufig sind die Darmwände erlahmt, so daß sich Fisteln und Entzündungen bilden können. Es fehlen *Calcium fluoratum, Natrium phosphoricum* und *Silicea.*
Würfelfalten wiederum bilden sich vom inneren Augenwinkel ausgehend an den oberen und unteren Augenlidern. Sie setzen sich aus feinen Quer- und Längslinien auf dunklerem Grund zusammen. Würfelfalten treten am unteren Augenlid zuerst auf und sind mit rötlich-

schwärzlichem oder rötlich-bräunlichem Untergrund versehen.

Eine der gut sichtbaren *Silicea*-Mangelerscheinungen sind die sogenannten *Krähenfüße*. Sie verlaufen von den äußeren Augenwinkeln in Richtung der Ohren. Bei langanhaltendem Mangel bilden sich auch Falten vor den Ohren und Stirnquerfalten, die durch die Erschlaffung der Hinterkopfhaut mit zunehmendem Alter verursacht werden. Dagegen kann sehr wirksam vorgegangen werden mit regelmäßiger Einnahme von *Silicea* D12. Allerdings ist hier eine Dauerbehandlung angezeigt, die zunächst das Hautbild verbessert und dann eine tiefere und vermehrte Faltenbildung verhindert.

Das *gedunsene Gesicht* sieht schwammig oder aufgeschwemmt aus. Es ist nicht das dicke, runde Gesicht von vollschlanken Menschen gemeint, sondern es kann ein ansonsten schlankes Gesicht sein, das unnatürlich geschwollen aussieht. Es können die Wangen oder auch nur links und rechts der Nasenflügel kleinere Flächen schwammig aussehen. Das fehlende Mineralsalz ist *Natrium chloratum.* Wenn das gedunsene Gesicht glänzt, fehlt zusätzlich *Silicea.*

Schatten sind Mangelerscheinungen, die sich über das gesamte Gesicht ausbreiten oder an bestimmten Stellen auftreten können. Am häufigsten sind diese unter dem Augenbrauenbogen und entlang der Nasenwand, also in der Augenhöhle, zu beobachten. Es handelt sich stets um eine grauschwarze, nicht besonders dichte Farbe. Es fehlt in erster Linie *Ferrum phosphoricum.*

Hinweis: Die in den Antlitz-Diagnosen angegebenen Merkmale für einen Mineralstoffmangel müssen nicht, wie bereits oben erwähnt, unbedingt allesamt beziehungsweise gleichzeitig auftreten. Es geht jedoch darum, die typischen, charakteristischen Anzeichen der Mängel durch genaueste Betrachtung herauszufinden.

Die zwölf Mineralstoffe

Die Anwendungsbereiche in Kurzfassung

Nr. 1 Calcium fluoratum (Calcarea fluorata, Flußspat):
Elastische Fasern, Knochen und Zähne, Epidermis

Nr. 2 Calcium phosphoricum (Calcarea phosphorica, phosphorsaurer Kalk):
Erneuerungsprozeß für Knochen, Zähne, Muskeln und Blut; Kräftigung und Aufbau bei Blutarmut und Schwächezustand, Nervenmittel, Allergien, in der Frauenheilkunde bei Blutungen und Absonderungen

Nr. 3 Ferrum phosphoricum (phosphorsaures Eisen):
Blutaufbau und -bildung, Entzündungs- und Fiebermittel im ersten Krankheitsstadium, Schmerzmittel, Abwehrschwäche, Infektionen, Blutdruck, Anämie

Nr. 4 Kalium chloratum (Kaliumchlorid, Chlorkalium, Kalium muriaticum):
Blutbildung und -reinigung, Entzündungs- und Fiebermittel im zweiten Krankheitsstadium, Schwellungen, Schleimhäute, Blutverdickung, Entgiftungsvorgänge, Ausscheidung von Impf- und chemischen Giften

Nr. 5 Kalium phosphoricum (phosphorsaures Kalium):
Nervenmittel, Herzschwäche, Muskelschwäche, Läh-

mungen, Schlafstörungen, Fieber über 39 °Celsius bei Entzündungsvorgängen, faulige, eitrige Absonderungen

Nr. 6 Kalium sulfuricum (schwefelsaures Kalium):
Entzündungs- und Fiebermittel im dritten Krankheitsstadium, Sauerstoffträger, Schleimhäute, gelbliche dicke Absonderungen, Hautaffektionen

Nr. 7 Magnesium phosphoricum (phosphorsaures Magnesium):
Schmerz- und Nervenmittel, Krämpfe, Unruhe, Gehirn und Rückenmark, Anfälle, Ängste, Herzstörungen, Migräne

Nr. 8 Natrium chloratum (Natrium muriaticum, Chlornatrium, Kochsalz):
Wasser-, Wärme- und Säure-Basen-Haushalt des Körpers, Blutarmut durch Blutverwässerung, Gelenke, Mattigkeit, Risse in Haut und Lippen, Schuppen, Fließschnupfen, salzige Absonderungen, Geruchs- und Geschmacksverlust

Nr. 9 Natrium phosphoricum (phosphorsaures Natrium):
Säureneutralisiermittel für den Säure-Basen-Haushalt, Verkalkung, Steinbildung in Galle, Blase und Nieren, Fettsucht und ihre Folgen, goldgelbe cremige, sauer riechende Absonderungen, Sodbrennen, Mundgeruch

Nr. 10 Natrium sulfuricum (schwefelsaures Natrium, Glaubersalz):
Ausscheidungs- und Entgiftungsmittel für Leber und

Galle, Nieren und Pankreas; Ödeme, Diabetes, Asthma, Durchfälle, bitterer Geschmack im Mund; das wichtigste Lebermittel

Nr. 11 Silicea (Kieselsäure):
Reinigungs- und Ausscheidungsmittel bei eiternden Krankheiten, verfrühte Alterserscheinungen, Bindegewebsschwäche, gereizte Nerven, Schweißregulierung, Haare und Nägel, Eiterungen, erhöhte Harnsäure, Gicht, Drüsen, Licht- und Geräuschempfindlichkeit

Nr. 12 Calcium sulfuricum (schwefelsaures Calcium, Gips):
Blutreinigung, schlechtheilende eitrige Vorgänge, Entgiftungs- und Ausscheidungsprozesse der Leber, Schleimhäute, übelriechende blutig-eitrige Absonderungen, chronisches Rheuma, Bindehaut-, Mandel-, Blasen- und Nierenentzündungen, Gedächtnisschwäche, Schlaflosigkeit, Abszesse und Furunkeln

Die »heiße Sieben«

Die »heiße Sieben« besteht aus etwa 10 Tabletten des Mineralsalzes *Magnesium phosphoricum*, die in heißem Wasser aufgelöst werden (ausführliche Beschreibung Seite 88). Sie dient als Erste-Hilfe-Mittel in Streßsituationen, bei Krämpfen, Koliken, Anfällen und plötzlich auftretenden Schmerzen und bei allen Beschwerden, die vom Nervensystem ausgehen. So kann es auch als her-

vorragendes Beruhigungsmittel bei Einschlafschwierigkeiten dienen.
Die »heiße Sieben« kann mehrmals am Tag angewendet und gut mit anderen Mineralsalzen, die den jeweiligen Beschwerden entsprechen, kombiniert werden.
Diese Anwendung ist bestens für Kinder jeden Alters geeignet und kann selbst Säuglingen mit dem Fläschchen gegeben werden.
Die Dosierung ist dem Alter entsprechend etwas niedriger.
Schulkinder, die durch die gestellten Anforderungen gestreßt und nervös sind, können mit der »heißen Sieben« beruhigt und unterstützt werden. Eine Kombination mit *Calcium phosphoricum* ist hier besonders zu empfehlen.

Beschreibung der zwölf Heilmittel in ihrer Funktion und Wirkung

Um die besten Ergebnisse mit den Schüssler-Mineralstoffen zu erzielen, sollte man sich zunächst mit den einzelnen Mitteln vertraut machen.
Kenntnisse über Wirkungsbereich und Wirkungsweise sind unverzichtbar bei der Auswahl der Mittel. In der nachfolgenden Beschreibung der zwölf Mineralstoffe wurde versucht, die jeweils dominante Charakteristik darzustellen, um die Wahl zu erleichtern. Hilfreich ist dabei sicherlich auch die Antlitz-Diagnose (siehe Seite 29).

Nr. 1 – Calcium fluoratum (Flußspat)

Calcium fluoratum ist in erster Linie zuständig für die Elastizität von verschiedenen Gewebearten. Es ist in den Gefäßwänden, in der Knochenoberfläche, im Muskel-, Binde- und Stützgewebe, in Herz, Lungen, Nieren, Gehirn, Augen und im Zahnschmelz zu finden. Die Hauptfunktion ist es, das Erhalten der Kontraktionsfähigkeit (Zusammenziehung) von elastischen Fasern nach einer Dehnung zu erhalten.
Bei längerem Mangel von *Calcium fluoratum* wird die Dehnbarkeit der Muskelfasern schwächer und schwächer. Sie können sich zwar dehnen oder strecken, jedoch

nicht mehr zusammenziehen. Die Erschlaffung von Bändern im ganzen Körper ist die Folge, wie zum Beispiel Hängebauch, überdehnte, schlaffe Gebärmutterbänder, die meist eine Gebärmuttersenkung mit sich bringen, oder erschlaffte Brüste.
Die Erschlaffung feiner Bänder, die beispielsweise die Zähne im Zahnfleisch festhalten, führt zur Lockerung und schließlich zum Verlust der Zähne. Im Zahnschmelz befindet sich ein besonders großer Anteil an Flußspat. Wenn dieser bei Kleinkindern nur mangelhaft vorhanden ist, so führt dies zu scharfkantigen, oft zackigen Zahnrändern.
Die Erschlaffung und Verhärtung der Muskelfasern in den Gefäßen führt zu einem labilen Kreislauf, Krampfadern und sogenannten Besenreisern, da die Venenwände unelastisch geworden sind.
Weitere Mangelerscheinungen sind häufig Risse in der Haut, meist in der Handfläche und zwischen den Zehen, Muskelschwäche, Sehnen- und Muskelverkürzungen, Vergeßlichkeit durch Verhärtung der feinen Gehirnfasern, Abnützungsschmerzen in Knochen und Gelenken, Schwellungen, unnormal starke Hornhautbildung, häufig stark verhornte Hühneraugen, brüchige Nägel und Haare (hier fehlt meist auch *Silicea*). Wenn *Calcium fluoratum* dem Körper nicht ausreichend zugeführt wird, nimmt er sich die benötigten Mineralstoffe aus den Körperreserven, was die oben genannten Symptome zur Folge hat. Zuerst wird man die rein äußerlichen Erscheinungen an Haut und Nägeln wahrnehmen, und man sollte diese als Hinweis auf den Bedarf eines

oder mehrerer Mineralstoffe der inneren Organe verstehen.
Gewebe- und Drüsenverhärtungen durch mangelndes *Calcium fluoratum* können zu Leberzirrhose, Schrumpf- und Wandernieren, Vergrößerung und Verhärtung der Schilddrüse, Milz- und Lymphdrüsenverhärtung führen.
Wenn dieser Mineralstoff fehlt, wird der ganze Körper in seinen Bewegungen durch Schmerzen an Gelenken eingeschränkt, etwa beim Versuch, ein Glied zu heben oder zu strecken. Am stärksten betroffen sind meist die großen Gelenke wie Schulter-, Knie- und Hüftgelenke, aber auch die Wirbelsäule.
Da sich Flußspat hauptsächlich in den Hartsubstanzen des Körpers befindet, braucht der Aufbau nach einem längeren Mangelzustand, der immer dann herrscht, wenn bereits deutliche äußerliche Symptome auftreten, mehrere Monate. Es sollten in dieser Zeit 5mal 2 Tabletten in der D12-Potenz pro Tag genommen werden.

Anwendungsmöglichkeiten von *Calcium fluoratum*

Calcium fluoratum ist ein langsam wirkendes Mittel und geht auf bereits jahrelang bestehende Mangelerscheinungen ein. Die D12-Potenz ist für eine Langzeiteinnahme am günstigsten. Eine spontane Verbesserung oder Linderung der Symptome kann jedoch häufig bereits nach ein- bis zweiwöchiger Einnahme eintreten, was nicht Anlaß zum Abbruch der Behandlung sein sollte. Wenn Symptome sozusagen akut auftreten, wie zum Beispiel mit starken Schmerzen oder einem Gefühl von Starrheit in den Gliedmaßen oder am ganzen Körper, kann zunächst für ein paar Wochen mit der D6-Potenz begonnen und mit D12 fortgefahren werden.

Vorbeugend sollte von werdenden und »neugebackenen« Müttern *Calcium fluoratum* eingenommen werden, um die Rückbildung der Gebärorgane und die Hautelastizität zu unterstützen. Wenn rechtzeitig im Anfangsstadium der Schwangerschaft mit der Einnahme von *Calcium fluoratum* begonnen wird (ca. 8- bis 10mal 1 Tablette, D6-Potenz), können Schwangerschaftsstreifen und durch Überdehnung entstandenes schlaffes Gewebe meist vermieden werden. Sorgfältiges Einmassieren von *Calcium-fluoratum*-Salbe der Bauch- und Oberschenkelpartien, vor allem in den letzten zwei Schwangerschaftsmonaten, verhindert meist einen Dammriß während der Geburt.
Die gleiche Behandlungsweise mit Tabletten und Salbe ist auch bei Sehnen- und Bänderverkürzungen (es können dann Finger oder auch Arme und Beine nicht ohne erhebliche Schmerzen gestreckt werden), bei stark auftretender Keratose (Hornhaut), Hühneraugen und Stechschwielen meist sehr erfolgreich. Senk-, Spreiz- und Plattfüße erhalten wieder mehr Spannung durch längere Einnahme des Mittels in der D12-Potenz und durch Einreibungen mit der Salbe über Monate oder Jahre hinweg.

Meist entstehen bei einem *Calcium-fluoratum*-Mangel feine Längs- und Querfältchen, sogenannte Würfelfalten, um die Augenpartie sowie Firnisglanz, der in erster Linie auf der Stirn erscheint.

Anzeichen im Gesicht bei Mangel mehrerer Mineralstoffe

Ferrum phosphoricum und Calcium fluoratum:
Ferrum-Röte, die sich bevorzugt an Stirn, Ohren und Wangen zeigt und die sich gegenüber anderen Hautpartien durch Blutüberfüllung hitzig anfühlt; schwärzliche Schatten an und über der Nasenwurzel, Würfelfalten auf rotbraunem Untergrund. Die entzündliche Röte, die aussieht wie Samt und als sei sie lose auf die Hautoberfläche »aufgetragen«, geht von den Wangen aus über den Nasensattel. Die Nase bildet dann den Mittelpunkt der Röte (»Säufernase« und Gesichtsrose). Bei diesem Erscheinungsbild fehlt auch *Natrium sulfuricum.*

Kalium chloratum und Calcium fluoratum:
Die Gesichtshaut zeigt eine bläulich-weiße oder auch rötlich-weiße, milchige Farbe und Würfelfalten.

Kalium phosphoricum und Calcium fluoratum:
Aschgraue, schmutzig aussehende Haut, deutlich am Kinn und an den Schläfen zu erkennen; außerdem entstehen Würfelfalten.

Kalium sulfuricum und Calcium fluoratum:
Würfelfalten und braungelbe Färbung an den Augenlidern. Häufig zeigt sich diese Färbung auch bei Nierenerkrankungen. Sind die Würfelfalten stark ausgeprägt, so wird die braungelbe Färbung durch rötlich-gelbe Auflagerungen auf den hervortretenden Faltenteilen sichtbar.

Magnesium phosphoricum und Calcium fluoratum:
Magnesia-Röte zeigt sich auf den Wangen in einer etwa fünfmarkstückgroßen Fläche neben den Nasenflügeln. Die Magnesia-Röte sieht fast unnatürlich rosig hell aus. Die Hautpartien sind nicht heißer, wie es zum Beispiel bei der Ferrum-Röte häufig der Fall ist.

Natrium chloratum und Calcium fluoratum:
Das Gesicht sieht gedunsen aus. Würfelfalten um die Augengegend mit oder ohne schmierigen Lidrandstreifen oder Gelatineglanz treten auf. Der Gelatineglanz umgibt vor allem die Nasengegend und bringt große offene Poren mit sich.

Natrium phosphoricum und Calcium fluoratum:
Es zeigen sich Würfelfalten, Mitesser und ein Fettglanz, der die Haut aussehen läßt, als wäre sie mit Fett eingerieben worden.

Natrium sulfuricum und Calcium fluoratum:
Oft treten Würfelfalten und ein grünliches Gelb auf beiden Seiten der Nasenwurzel hervor.

Silicea und Calcium fluoratum:
Frühe Faltenbildung, Krähenfüße, Würfelfalten, Augenlidhöhlen, Glasurglanz und Firnisglanz sind zu beobachten. Ist letzterer von grünlich-gelber Färbung, so fehlt zusätzlich *Natrium sulfuricum;* sieht er jedoch braungelb aus, so muß *Kalium sulfuricum* als drittes Salz genommen werden. Weitere Zeichen von *Silicea-* und *Calcium-fluoratum*-Mangel sind glanzloses Haar, Haarausfall und brüchige Fuß- und Fingernägel.

Natürliche *Calcium-fluoratum*-Ressourcen

Zu den häufigsten Fluorvorkommen zählen Fische und Schalentiere, Nüsse, Mandeln, Vollkorn, Tee, Butter und Sojabohnen.
Außerdem ist es in grünblättrigem Gemüse und Salaten, Pflaumen, Rhabarber, Kresse sowie Zitronen enthalten.

Wirkungsweise von *Calcium fluoratum* im geistig-seelischen Bereich

Körperliche Beweglichkeit ist auch die Voraussetzung für geistige Beweglichkeit und persönliche Weiterentwicklung.
Bei einem Mangel des Minerals leidet durch Einschränkung der Beweglichkeit die Lebensqualität ganz enorm. Wenn durch Verhärtung beziehungsweise Verkürzung von Sehnen, Bändern und Knochenoberfläche fast der ganze Körper schmerzt und das Auftreten übermäßi-

ger Hornhaut den Füßen ihre Aufgabe erschwert, dann sinkt die Lebensfreude, und man überlegt sich jede kleine Unternehmung zweimal. Man fühlt sich alt und unflexibel und überläßt den anderen die schönen Dinge des Lebens wie zum Beispiel längere Wanderungen, Besuch von kulturellen Veranstaltungen usw., da schon geringe Anstrengungen zuviel werden. Jede noch so kleine Handlung im täglichen Leben wird zur Qual.

Der Verlust von Elastizität bedeutet nicht nur äußere Einschränkungen, sondern auch die geistigen und seelischen Belange sind davon betroffen. Entscheidungsschwierigkeiten, Angst vor ungewohnten Neuigkeiten sowie davor, Vorhaben nicht zu Ende zu bringen, Vergeßlichkeit und Zukunftsangst, Schwächung der Sehkraft und folglich auch des inneren Betrachtens sind oft die Folgen von *Calcium-fluoratum*-Mangel. Man fühlt sich aus seiner inneren Mitte gerissen, und das Selbstwertgefühl schwindet. Diese Symptome können der Selbstverantwortung und der geistig-seelischen Weiterentwicklung sehr im Wege stehen. Man möchte keine großen Sprünge mehr wagen, sondern nur noch das sicher Überschaubare riskieren.

Bevorzugte Einnahmezeit: nach 19 Uhr, vor allem bei Langzeiteinnahme. Bei akuten Zuständen auch während des Tages.

Nr. 2 – Calcium phosphoricum (phosphorsaurer Kalk)

Calcium phosphoricum ist in erster Linie zuständig für die Nahrung der harten Körpersubstanzen, also der Knochen und Zähne. Aus diesem Grunde ist dieses Lebenssalz besonders wichtig für Kinder, deren Skelett und Zähne sich schlecht entwickeln (Rachitis). Bei älteren Menschen wirkt es gegen eine Knochenentkalkung und Osteoporose, Gichtknoten und knöcherne Verwachsungen. *Calcium phosphoricum* ist als Rekonvaleszenzmittel nach Operationen mit größerem Blutverlust, bei Knochenbrüchen und bei anämischen Zuständen zur Restauration der Gewebe und des Nervensystems geeignet. Es hat jedoch andere vielfache Wirkungen auf unseren Organismus. Ohne *Calcium phosphoricum* wäre die Koagulation (Blutgerinnung) nicht möglich. Es stärkt den Tonus der Muskeln und die durch Krankheit geschwächten Organe und Gewebe. Es bindet das Albumin (Eiweiß) im Blut und ist wesentlich am Blutstoffwechsel beteiligt. Zusammen mit *Ferrum phosphoricum* ist es ein hervorragendes Aufbaumittel für das Immunsystem.

Calcium phosphoricum löst Muskelkrämpfe, die sich eher wie Muskelkater anfühlen und lange andauern. Treten Krämpfe plötzlich und heftig auf, oft während der Nacht, so ist zusätzlich *Magnesium phosphoricum* nötig. Die gesunde Blutbildung und ein kräftiger Muskelapparat werden besonders gefördert durch eine kombinierte Einnahme von *Calcium phosphoricum, C. fluoratum, Natrium chloratum* und *Silicea.*

Selbstverständlich ist eine ausgewogene Ernährungsweise Voraussetzung für die hier geschilderte Wirkungsweise der Mineralsalze. Es ist bekannt, daß Süßigkeiten, Weißmehl und tierisches Eiweiß die stärksten Schleimbildner sind und *Calcium phosphoricum* in großem Maße verbrauchen. Wenn das zum organischen Aufbau des Eiweißes erforderliche *Calcium phosphoricum* fehlt, wird der größte Teil des Eiweißes unverdaut wieder ausgeschieden. Bei diesem Vorgang fehlt auch *Kalium chloratum,* so daß Faserstoffe nicht im Körper gehalten werden.

Anwendungsmöglichkeiten von *Calcium phosphoricum*

Calcium phosphoricum ist ein langsam wirkendes Mittel und geht auf bereits jahrelang bestehende Mängel ein. Es harmoniert gut mit *Calcium fluoratum* und *Silicea.* *Calcium phosphoricum* hat eine beruhigende Wirkung auf das Nervensystem und in Streßsituationen.
Bei erhöhtem Pulsschlag nach Aufregungen oder nach körperlicher Überanstrengung kann *Calcium phosphoricum* gegeben werden. Schlafstörungen, die nach Mitternacht auftreten, können mit diesem Mittel, über den Tag verteilt genommen, wirksam behandelt werden. Es ist jedoch nicht als Einschlafmittel unmittelbar vor dem Schlafengehen zu verstehen. Hierfür eignet sich die Gabe von 4 Tabletten *Kalium phosphoricum* D6 ausgezeichnet.
Bei gestörter sexueller Erregbarkeit kann *Calcium phos-*

phoricum D6 zu einem harmonischen Ausgleich verhelfen. Bei Allergien aller Art kann während Attacken in 5- bis 10-minütigem Abstand 1 Tablette (D6) gelutscht werden.
Um einem Kalkmangel vor und nach einer Geburt vorzubeugen, können Frauen zum Besten für sich selbst und das Kind während Schwangerschaft und Stillzeit *Calcium phosphoricum* D6 zusammen mit *C. fluoratum* D12 einnehmen. Diese Mittel verhelfen dem Kind zu einem kräftigen Knochenbau, gesunden guten Zähnen und beugen Haltungsschäden vor. Dem Erbrechen während der ersten Schwangerschaftsmonate kann ebenfalls mit *Calcium phosphoricum* wirksam begegnet werden.
Weiterhin ist die Einnahme von *Calcium phosphoricum* angezeigt bei Kribbeln (»Ameisenlaufen«) und Einschlafen der Gliedmaßen, ständig kalten Händen und Füßen, plötzlichem Fieber und Wachstumsstörungen (Knochenbau) bei Kindern, Schulkopfschmerz, Eiweiß im Urin, Blutgerinnungsstörungen, übelriechendem Atem, Muskelkrampf, Kopfschmerzen durch Überbelastung und Streß, zu Brüchen neigenden Knochen, Knochenbrüchen, Osteoporose, übermäßigem Appetit, Wachstumsschmerzen bei Kindern, Schockzuständen, rheumatischen Gelenkschmerzen, Zysten, Meteorismus und chronischer Diarrhöe, Nachtschweiß, zu starker Menstruation und in der Rekonvaleszenz.
Bei all diesen Erkrankungen, die mehr oder weniger lange bestehen, sind tägliche Einnahmen von etwa 8- bis 10mal 1 Tablette (D12) nötig.
Zustände, die *Calcium phosphoricum* brauchen, bessern sich in der Wärme, verschlimmern sich in Kälte und

Zugluft und durch Anstrengung. Es tritt Verlangen nach Salzigem und Geräuchertem auf.

Antlitz-Diagnose

Bei Mangel von Calcium phosphoricum zeigen das Gesicht und die Ohren ein wächserne Blässe, sozusagen ein käsiges Aussehen.

Anzeichen im Gesicht bei Mangel mehrerer Mineralstoffe

Calcium fluoratum und Calcium phosphoricum:
Die Haut bildet Würfelfalten, die Gesichtsfarbe ist von rötlich-gelblichem Weiß und hat ein wächsernes Aussehen (»Wachspuppengesicht«), vor allem beginnend an den Ohren.

Ferrum phosphoricum und Calcium phosphoricum:
Es entstehen Schatten auf dem wächsern aussehenden Gesicht. Die hitzige Ferrum-Röte kann das Wächserne vollkommen überziehen. Die Ferrum-Röte sieht auf der wächsernen Haut leuchtender aus.

Kalium chloratum und Calcium phosphoricum:
Die Hautfarbe sieht milchig, wächsern oder käsig aus. Die käsige Haut ist nicht glatt.

Kalium phosphoricum und Calcium phosphoricum:
Hierbei sieht die Haut aschgrau und wächsern aus.

Kalium sulfuricum und Calcium phosphoricum:
Die Haut ist hier braungelb und wächsern.

Magnesium phosphoricum und Calcium phosphoricum:
Magnesia-Röte – wie unter den Hautröten auf Seite 31 beschrieben – zeigt sich in etwa fünfmarkstückgroßen roten Flächen neben den Nasenflügeln auf den Wangen. Trotzdem sieht die Haut wächsern wie bei einer Puppe aus.

Natrium chloratum und Calcium phosphoricum:
Das Hautbild sieht wächsern aus mit weiteren unterschiedlichen Erscheinungen. So kann es zusätzlich gedunsen oder mit glasigem Gelatineglanz versehen sein. Gut zu erkennen ist bei diesen Mängeln meist der schmierige Lidrandstreifen um die Augen.

Natrium phosphoricum und Calcium phosphoricum:
Es entsteht ein wächsernes Aussehen mit Fettglanz und häufig Mitessern.

Natrium sulfuricum und Calcium phosphoricum:
Die Haut ist gelb und wächsern, außerdem zeigt sich oft eine entzündliche Röte.

Silicea und Calcium phosphoricum:
Zu sehen ist ein wächsernes Aussehen mit Glasurglanz, Augenlidhöhlen und Krähenfüßen.

Natürliche *Calcium-phosphoricum*-Ressourcen

Calcium kommt vor allem in Vollkorn- und Milcherzeugnissen, aber auch in Nüssen, besonders in Mandeln, sowie in Fischen und Schalentieren, dunkelgrünem Blattgemüse und Kartoffeln vor. Phosphor ist in Eiern, Fleisch, Fisch, Kartoffeln und Milchprodukten enthalten.

Wirkungsweise von *Calcium phosphoricum* im geistig-seelischen Bereich

Der leptosome Konstitutionstypus ist bei diesem Mangel häufig zu beobachten. Bei Kindern tritt häufig Neurasthenie auf, die mit rascher geistiger und körperlicher Erschöpfung einhergeht. Kälte und Nässe werden als unangenehm empfunden, und so wird auch im seelischen Bereich stets nach Wärme und Zuneigung gesucht. Es kommen Aggression und Enttäuschung auf, weil Dinge im Leben erzwungen werden wollen, die sich jedoch nicht erzwingen lassen.

Das Nicht-annehmen-Können der eigenen Lebensaufgabe und des Schicksals beschreibt den Seelenzustand, der aus den oben geschilderten körperlichen Gegebenheiten entsteht. Zukunftsangst kommt auf, und es fällt schwer, Lebensstrukturen aufzubauen, an denen man sich orientieren kann. Oft werden Ziele mit »aller Gewalt«, ohne die echte innere Wahrhaftigkeit und Überzeugung verfolgt.

Die seelisch-geistigen Kräfte in eine lichtvolle Erdengestaltung einbringen und sich den höheren Mächten anvertrauen zu können ist der geistige Einfluß des Mineralstoffs *Calcium phosphoricum.*

Bevorzugte Einnahmezeit: morgens und nachmittags.

Nr. 3 – Ferrum phosphoricum (phosphorsaures Eisen)

Ferrum phosphoricum ist unter den biochemischen Mineralstoffen das Erste-Hilfe-Mittel. Es hilft, mit dem eingeatmeten Sauerstoff über das Hämoglobin im Blutstrom den ganzen Körper mit Lebenskräften zu versorgen. Es stärkt die Gefäßwände, vor allem die arteriellen. Frei zirkulierendes Blut ist eine Voraussetzung für Gesundheit und Wohlgefühl. Deshalb sollte *Ferrum phosphoricum* immer wieder als vorbeugende Maßnahme genommen werden, gleichgültig, welche anderen Mittel durch auftretende Symptome angezeigt sind. Es wird von den meisten Organen wie der Schilddrüse, der Bauchpeicheldrüse, der Leber, dem Gehirn, den Muskelzellen, dem Blut und den Darmwänden aufgenommen.
Kongestion (Blutüberfüllung) bei Entzündungen und daraus entstehende Schmerzen, Fieber und beschleunigter Puls fordern mehr Sauerstoff, der durch die Gabe von *Ferrum phosphoricum* besser vom Blut aufgenommen und zu den befallenen Körperstellen transportiert wird. Dieses Mittel kann prophylaktisch genommen werden, wenn sich erste Anzeichen eines entzündlichen Vorgangs zeigen. *Ferrum phosphoricum* ist sehr empfeh-

lenswert bei anämischen Krankheiten, das heißt bei Mangel an roten Blutkörperchen und bei Neigung zu Hämorrhagien (Blutungen aller Art). Es gibt wenige Erkrankungen, die durch *Ferrum phosphoricum* nicht vorteilhaft beeinflußt werden könnten. Es kann ohne Schaden neben anderen Arzneimitteln genommen werden und wirkt auf jede Medikation unterstützend.

Anwendungsmöglichkeiten von *Ferrum phosphoricum*

Ferrum phosphoricum ist bei akuter Erkrankung ein Fiebermittel, vor allem im Anfangsstadium von Entzündungen. Im Bedarfsfall ermöglicht es dem Organismus eine erhöhte Abwehrarbeit. Es kann nicht als fiebersenkendes Mittel verstanden werden, sondern als Heilmittel der Entzündungsursache. Wenn der Körper länger anhaltendes Fieber zum Abbau von krank machenden Substanzen braucht, kann nach *Ferrum phosphoricum*, wenn das Fieber höher als 38,5 °Celsius ansteigt, zur weiteren Behandlung *Kalium phosphoricum* eingesetzt werden. Bei Fieber ist Bettruhe von großer Wichtigkeit, da durch Muskeltätigkeit Eisen abgebaut wird, welches bei Bettruhe dem Immunsystem zur Abwehr zur Verfügung steht.
Ferrum phosphoricum kann angewendet werden bei sämtlichen Blutungen und Wunden, anämischen Zuständen, Schmerzen, Gelenkverstauchungen, Muskelzerrungen, Überanstrengung, Durchblutungsstörungen mit rheumatischen Schmerzen, akuten Magenerkrankungen mit Schmerzen, Erbrechen und Durchfall mit Fieber, bei

geschwächtem Immunsystem, aufgrund dessen sich Erkältungskrankheiten und Allergien in kurzen Abständen wiederholen, bei Mittelohrentzündung, Entzündungen am Zahnfleisch, Akne und anderen Hautkrankheiten.
Im fortgeschrittenen Alter ist dieses Mittel ganz besonders zu empfehlen, aber auch in der Kinderheilkunde und bei kleineren Verletzungen wie Schnitt- und Schürfwunden, auf die *Ferrum phosphoricum* äußerlich aufgetragen werden kann. Dazu zerstößt man 2 bis 3 Tabletten zu Pulver, das man auf die Wunde gibt, oder bereitet mit ein paar Tropfen Wasser eine Paste, die auf die Wunde aufgetragen wird. Bei Muskelverspannungen und -zerrungen kann *Ferrum phosphoricum* als Erste Hilfe eingesetzt werden. *Ferrum phosphoricum* ist kein eisensubstituierendes Mittel. Seine Wirkung ist nährend und entzündungshemmend. Es ist *das* Hausmittel für die ganze Familie.
Eine beginnende Erkältungskrankheit kann mit *Ferrum phosphoricum* im allerersten Stadium, das heißt bei Feststellung erster Symptome wie Kopfschmerzen, Kratzen im Hals, verstopfter Nase, abgewendet werden, wenn morgens nüchtern 4 Tabletten und danach halbstündlich 1 Tablette bis am späten Nachmittag gelutscht werden.

Hinweis: Ferrum phosphoricum sollte in D12-Potenz auch im akuten Krankheitszustand genommen werden. Da es schwerer wasserlöslich ist, wird es vom Körper in dieser Potenz besser aufgenommen. Beachten Sie, daß Genußmittel wie Kaffee, schwarzer Tee und Schokolade mehr Eisen im Körper verbrauchen als andere Nahrungsmittel.

Dieses Mittel ist bei allen Krankheiten günstig, die in der Nacht, durch Wärme und bei Bewegung schlimmer werden und sich bei Ruhe und Kühle verbessern.

Antlitz-Diagnose

Die Ferrum-Röte ist hell und zeigt sich auf Wangen und Stirn, spart jedoch die Nase aus. Die geröteten Hautpartien sind hitzig und fühlen sich an, als hätten sie eine höhere Temperatur als die übrigen Bereiche. Tritt die Röte plötzlich auf, so ist dies meist ein Hinweis auf eine kommende fieberhafte Erkrankung, die bei Bedarf von *Ferrum phosphoricum* gleichzeitig Hohläugigkeit zu beobachten ist. Der Mangel zeigt sich häufig in einer schwärzlich-grauen Hautfarbe, speziell um die Augen, die sich jedoch bei sehr starkem Mangel auf das ganze Gesicht ausbreiten kann.
Zudem sind rote heiße Ohren sowie ein stark gerötetes und erhitztes Gesicht nach körperlicher Anstrengung festzustellen. Bei übertriebener sportlicher Tätigkeit kommt es durch erhöhten Eisenverbrauch zur Muskelermüdung, wenn ein Mangel an *Ferrum phosphoricum* besteht.

Anzeichen im Gesicht bei Mangel mehrerer Mineralstoffe

Calcium fluoratum und Ferrum phosphoricum:
Es treten Würfelfalten mit Ferrum-Röte oder Schatten auf. Die Würfelfalten beginnen an den inneren Augen-

winkeln und breiten sich über die oberen Augenlider aus. Die Schatten jedoch beginnen bereits an der oberen seitlichen Nasenwand zwischen den Augenbrauen. An der Stelle, wo sich Würfelfalten und Schatten überlagern, erscheint eine rotbraune Untergrundfarbe.

Calcium phosphoricum und Ferrum phosphoricum:
Die Gesichtshaut sieht zusammen mit Schatten oder mit Ferrum-Röte wächsern aus. Die Röte ist leicht an ihrer leuchtenden Farbe erkennbar, die sich besonders deutlich von dem wächsernen Untergrund abhebt.

Kalium chloratum und Ferrum phosphoricum:
Die Haut erscheint milchig mit Ferrum-Röte und dunklen Schatten.

Kalium phosphoricum und Ferrum phosphoricum:
Die Haut erscheint aschgrau. Sie sieht aus, als wäre sie durch dunklen Staub verschmutzt. Ferrum-Röte und Schatten treten ebenfalls auf.

Kalium sulfuricum und Ferrum phosphoricum:
Die Hautfarbe sieht braun-gelblich aus, und es zeigen sich Ferrum-Röte und Schatten. Häufig entstehen Sommersprossen.

Magnesium phosphoricum und Ferrum phosphoricum:
Die Gesichtshaut zeigt Magnesia-Röte und Schatten oder gemischte Röte, wenn beide Mineralstoffe fehlen. In diesem Fall können sowohl kreisrunde rote Flecken

auf den Wangen als auch ein gerötetes Gesicht und heiße rote Ohren auftreten.

Natrium chloratum und Ferrum phosphoricum:
Das Gesicht sieht gedunsen aus und ist von Gelatineglanz überzogen. Die Lidrandstreifen sind schmierig, und es zeigen sich Ferrum-Röte und Schatten. Wenn letztere auffallend dunkel sind, ist eine Überprüfung der Nieren notwendig.

Natrium phosphoricum und Ferrum phosphoricum:
Es treten Fettglanz mit Ferrum-Röte oder Schatten auf. Die Haut ist häufig mit Mitessern übersät.

Natrium sulfuricum und Ferrum phosphoricum:
Die Haut sieht gelb aus, hat Ferrum-Röte oder Schatten. Es können auch gemischte oder entzündliche Röten auftreten.

Silicea und Ferrum phosphoricum:
Bei Mangel tritt verfrühte starke Faltenbildung auf, vor allem Krähenfüße. Augenlidhöhlen und Schatten zeigen sich, die jedoch nicht so dunkel und aschgrau auftreten wie bei Bedarf von *Kalium phosphoricum* und *Ferrum phosphoricum.* Ein weiterer Hinweis sind Glasurglanz und Ferrum-Röte.

Natürliche *Ferrum-phosphoricum*-Ressourcen

Diese Stoffe kommen vor allem in Vollkorn, Buchweizen, Nüssen, Linsen, Erbsen, Pflaumen, Erdbeeren, Datteln, Schnittlauch, Spinat, Feldsalat, Kopfsalat, Brunnenkresse, Kohl, Bierhefe, Sojaprodukten, Haferflocken, Getreidekeimen, Eiern, Fleisch, Fisch, Kartoffeln und Milchprodukten vor.

Wirkungsweise von *Ferrum phosphoricum* im geistig-seelischen Bereich

Es geht darum, die gegenwärtigen Lebensumstände zu überprüfen und aktuelle Probleme zu lösen. Die Bearbeitung und liebevolle Beachtung alltäglicher, oft als banal angesehener Dinge stehen im Vordergrund. Ohne die Erledigung der kleinen Dinge, die uns Sorgen oder schlechte Laune bereiten, können große Probleme keine echte Lösung finden.

Die Symbolik, die mit *Ferrum phosphoricum* verbunden ist, gibt einen Hinweis darauf, in welchen Lebensbereichen durch die Erkrankung etwas gelernt werden soll, vor allem wenn diese sich ständig wiederholt: *Ferrum phosphoricum* ist eng verknüpft mit der Sauerstoffaufnahme im Blut und dadurch mit dem wichtigsten Lebensprozeß, dem Atmen. Bei Mangel ringen wir sozusagen nach Lebensluft, und die Atemluft fließt nicht ruhig dahin, sondern gerät ins Stokken. Wir haben versteckte Ängste und empfinden uns ohnmächtig, momentan notwendige Lebensprozesse zu bewältigen und unser tägliches Programm befriedigend zu gestalten. Ein tiefer ruhiger Atemfluß hat mit dem Loslassen alter Muster zu tun. Es geht um Veränderung und um die Aufarbeitung unliebsamer Dinge, die man schon lange loshaben will, so daß Raum für neue Entwicklungsmöglichkeiten entstehen kann. *Ferrum phosphoricum* gibt hier die richtige Hilfestellung.

Bevorzugte Einnahmezeit: früh morgens nüchtern beginnend bis zum späten Nachmittag. Späte Einnahmezeiten sind eher ungünstig, da *Ferrum phosphoricum* vom Körper nicht mehr so gut aufgenommen wird und empfindliche Menschen darauf nicht gut schlafen. Bei einer akut auftretenden Entzündung am Nachmittag oder am Ende eines Tages kann vorzugsweise *Kalium phosphoricum* eingenommen werden, das den Schlaf sehr günstig beeinflußt. Am nächsten Morgen wird dann mit *Ferrum phosphoricum* begonnen.

Nr. 4 – Kalium chloratum (Kalium muriaticum, Chlorkalium)

Kalium chloratum ist das Mittel für die zweite Entzündungsphase und bei chronisch auftretenden Entzündungen. Es verbindet sich mit der organischen Substanz Fibrin (= Faserstoffe). Bei Mangelzuständen verliert das Fibrin seine Funktion und wird in Form von dickem, weißgrauem Schleim, der Katarrhe und andere Erkrankungen der Schleimhäute begünstigt, ausgeschieden. *Kalium chloratum* wird durch *Calcium sulfuricum* ergänzt. Beide Mineralstoffe wirken blutreinigend und entgiftend, und ihr Einsatz ist besonders gefragt, wenn das Blut zu dickflüssig ist und zu Thrombosen neigt. Durch das Einnehmen von *Kalium chloratum* wird ver-

mieden, daß aus den Schleimhäuten ausgeschiedene Faserstoffe das Blut belasten, weil sie in den Schleimhäuten eingebunden bleiben. Das Blut wird gereinigt, und seine Fließeigenschaften verbessert.
Bei Bedarf von *Kalium chloratum* zeigen sich als weitere Symptome dicke, fibrinöse Absonderungen, eine weiß belegte Zunge und zu helle Stuhlfarbe (Mangel an Bilirubin = Gallefarbstoff). Bei langen Mangelzuständen erlahmt die Lebertätigkeit und führt zu einem trägen Stoffwechsel.
Auch bei Schwellungen jeglicher Art und zur Unterstützung der entgiftenden Funktion der Drüsen sollte dieses Mittel zum Einsatz kommen. Abwechselnd mit *Ferrum phosphoricum* ist *Kalium chloratum* die richtige Behandlung bei allen Entzündungskrankheiten im Bereich der Atemorgane, wie Halsschmerzen, Bronchitis, Mandelentzündung, Husten und Erkältungskrankheiten, sowie bei Kinderkrankheiten wie Masern, Windpocken, Mumps und Krupphusten.
Bei der Bildung von Ptyalin im Speichel ist ebenfalls *Kalium chloratum* erforderlich. Ptyalin dient der Vorverdauung, und wenn diese aufgrund von Mangelzuständen nicht ausreichend stattfinden kann, kommt es zu Völlegefühl und Appetitlosigkeit, vor allem nach dem Genuß von stark fetthaltigen Nahrungsmitteln.

Anwendungsmöglichkeiten von *Kalium chloratum*

Kalium chloratum wird in erster Linie in D6-Potenz im zweiten Stadium von Entzündungsvorgängen eingesetzt. Das erste Stadium braucht *Ferrum phosphoricum*, das nicht ganz abgesetzt werden sollte, wenn das zweite Stadium beginnt, sondern weiterhin in Gaben von etwa 4mal 2 Tabletten abwechselnd mit *Kalium chloratum* zu nehmen ist. Besonders bei allen Erkrankungen und Verletzungen, die mit Schwellungen einhergehen, wie zum Beispiel Drüsen- und Lymphknotenschwellungen, hat die Kombination von *Kalium chloratum* und *Ferrum phosphoricum* heilsame Wirkungen gezeigt. Schwellungen und Blutergüsse, Schmerzen an geschwollenen Gelenken (Rheuma) klingen schneller ab, wenn sie zusätzlich mit *Kalium-chloratum*-Salbe (Salbenverband) behandelt werden. Bei offenen Wunden im zweiten Stadium, die also bereits eitern, kommt zusätzlich *Silicea*, sowohl Tabletten als auch Salbe, zur Anwendung.

Bei hartnäckigen Stirnhöhlenverschleimungen kann stündlich abwechselnd je eine Tablette *Kalium chloratum* und *Ferrum phosphoricum* eingenommen werden. Wenn der Schleim sich zu lösen beginnt, sind noch einige Tage, vielleicht auch Wochen der Einnahme von etwa 4mal 2 Tabletten *Kalium chloratum* zur völligen Ausheilung nötig.

Kalium chloratum D12 sollte über Jahre eingenommen werden, wenn chronische Entzündungsvorgänge und Thromboseneigung bestehen. Tägliche Gaben von etwa 4- bis 6mal 1 Tablette sind dafür ausreichend.

Kalium chloratum D6 und *Natrium chloratum* D6 sind zudem hervorragende Entgiftungsmittel und finden vielfache Anwendung nach Operationen, um Narkosegifte, Arznei- und Impfgifte besser auszuscheiden. Es ist

nötig, diese Kombination einige Monate lang einzunehmen, etwa abwechselnd je 3mal 1 Tablette täglich.
Auch um Gifte loszuwerden, die eingeatmet wurden oder durch verdorbene Nahrungsmittel in den Körper gelangten, ist *Kalium chloratum* D6 eine wirksame Hilfe. Es aktiviert die Nebennieren und der Entgiftungsvorgang wird gefördert. Günstig beeinflußt wird dieser Prozeß durch reichliches Wassertrinken.

Die auftretenden Beschwerden bei *Kalium-chloratum*-Mangel verschlimmern sich durch stark gewürzte und fette Kost. Besserung durch Rohkost und Verzehr von viel Obst, weniger günstig sind Milchprodukte, da sie stark verschleimen.

Antlitz-Diagnose

Bei Bedarf von *Kalium chloratum* hat die Gesichtshaut eine bläulich-weiße oder rötlich-weiße Milchfarbe. Wenn zudem noch andere Mineralsalze fehlen, treten auch hier wie bei allen anderen Mitteln zusätzlich unterschiedliche Farb- und Oberflächenmerkmale auf der Haut auf.

Anzeichen im Gesicht bei Mangel mehrerer Mineralstoffe

Calcium fluoratum und Kalium chloratum:
Es treten Würfelfalten auf bläulich- oder rötlich-weißem milchigem Untergrund auf, meist um die Augengegend.

Bei starker Faltenbildung ist auch an anderen Stellen im Gesicht die milchige Farbe zu beobachten.

Calcium phosphoricum und Kalium chloratum:
Das Gesicht erscheint wächsern und milchfarben oder käsig.

Ferrum phosphoricum und Kalium chloratum:
Es zeigen sich Ferrum-Röte oder Schatten auf milchfarbenem Grund.

Kalium phosphoricum und K. chloratum:
Auf dem milchfarbenen Grund treten aschgraue Schatten besonders deutlich in Erscheinung und ergeben ein blasses, fahles Gesicht.

Kalium sulfuricum und K. chloratum:
Braungelbe Schatten erscheinen hauptsächlich um die Augen, und auch im übrigen Gesicht zeigt sich eine milchige Farbe.

Magnesium phosphoricum und Kalium chloratum:
Das Gesicht ist milchfarben und mit einem unnatürlich aussehenden Hauch Magnesia-Röte überzogen.

Natrium chloratum und Kalium chloratum:
Verschiedene auffallende Zeichen sind jeweils zusammen mit der typischen Milchfarbe auf der Haut zu erkennen. Bei leichten oder erst seit kurzem bestehenden Mangelzuständen zeigt sich am unteren Augenlid ein

schmieriger schleimiger Streifen, bei länger zurückliegendem Mangel ist das Gesicht rechts und links der Nasenflügel aufgedunsen und sieht schwammig aus, zudem tritt Gelatineglanz auf, der sich meist auf der Nase mit großen Poren zeigt.

Natrium phosphoricum und Kalium chloratum:
Die Haut ist milchfarben und hat einen speckigen Fettglanz, meist mit erweiterten Poren und Mitessern auf Nase, Stirn und Kinn. Die Hautoberfläche ist nicht glatt, und häufig sind in der Pubertät Rötungen in der T-Zone (Stirn, Nase, Mund) zu beobachten.

Natrium sulfuricum und Kalium chloratum:
Die Gesichtsfarbe ist milchig und von grün-gelblicher Farbe, vorwiegend an den Schläfen, über und unter der Nase, oder es zeigt sich entzündliche bläuliche Röte auf der Nase (»Säufernase«), die sich bis in die Wangen ausbreiten kann.

Silicea und Kalium chloratum:
Es treten neben der milchfarbenen Gesichtshaut Krähenfüße, Augenlidhöhlen und Glasurglanz auf. Beim Glasurglanz sind die Poren nicht – wie etwa beim Fettglanz – erweitert. Die Haut ist nicht nur im Gesicht, sondern am ganzen Körper schlaff und zeigt frühzeitige Alterserscheinungen. Weitere Mangelzeichen sind sprödes, lebloses Haar, oft mit Ausfall, sowie brüchige Finger- und Fußnägel.

Natürliche *Kalium-chloratum*-Ressourcen

Kalium finden wir in den meisten Gemüsesorten und Kartoffeln, Äpfeln, Feigen, Gerste, Kohl, Linsen, Oliven, Sellerie, Tomaten, Grapefruits, Zitronen, Vollkorn, Sonnenblumenkernen, Trockenfrüchten, Fisch (vor allem in Seefisch), Fleisch, Geflügel und Milchprodukten. Ein Kaliummangel ist bei ausgewogener Ernährung praktisch nicht möglich. Jedoch kann dieser aufgrund von Einnahme bestimmter Medikamente wie Schlaf- und Beruhigungs- sowie Abführmittel, Diuretika, Digitalis und anderer Herzmittel und den Blutdruck beeinflussender Arzneien auftreten. Chlor kommt vor allem in Form von Kochsalz (Natriumchlorid) in fast allen Lebensmitteln vor, die geräuchert, eingelegt oder eßfertig aufbereitet sind. Dazu zählen vor allem Käse, die meisten Heringsorten, gekochter und geräucherter Schinken und Oliven.

Wirkungsweise von *Kalium chloratum* im geistig-seelischen Bereich

Es geht darum, die eigene subjektive Meinung und Wahrnehmung im Leben zu überdenken. Bei innerer Einkehr ist vielleicht zu erkennen, daß durch festgefahrene Vorurteile andere verletzt und ungerecht eingeschätzt und behandelt werden. Die Ausstrahlung dieser Gemütslage kann Schwierigkeiten und Enttäuschungen im Umgang mit Menschen mit sich bringen, die anderer Meinung sind. Indem man sich in die andere Person hineinversetzt, wächst das Verständnis für deren Anderssein. Oft stecken hinter Vorurteilen und unflexiblen Meinungen mangelnde Selbstwert- und/oder Schuldgefühle, die der persönlichen Entwicklung im Wege stehen. Im liebevollen Umgang mit sich selbst und anderen sowie in der liebevollen, unvoreingenommenen Begegnung mit neuen und fremden Begebenheiten und Menschen wendet sich das Leben zum Positiven; eine geistige Weiterentwicklung kann stattfinden. Bei diesen Vorgängen kann *Kalium chloratum* D12 unterstützend eingesetzt werden.

Bevorzugte Einnahmezeit: nachmittags.

Nr. 5 – Kalium phosphoricum (Kaliumphosphat)

Kalium phosphoricum ist das bedeutendste anorganische Mineralsalz der Zellen und besonders wichtig für die Blutflüssigkeit, die roten Blutkörperchen. Es fungiert als Nervennahrung und ist besonders stark vertreten im Gehirn, in der Muskulatur, vor allem im Herzmuskel, und im zentralen und vegetativen Nervensystem. Kaliummangel führt zur Ermüdung dieser Organe, die meist zu psychosomatischen Störungen wie Kopfschmerzen, nervösen Durchfällen (häufig bei Schulkindern), Schlaflosigkeit, Asthmaanfällen, die durch Streß verursacht werden, Depressionen, mangelnder Vitalität, Antriebslosigkeit und schlechter Laune, Apathie, Tagesschläfrigkeit, Reizbarkeit, Konzentrationsschwäche, schlechtem Gedächtnis, Unruhe, Ängsten, sexuellen Störungen und der Unfähigkeit zu geistiger Arbeit führt.

Bei Mangel kann eine schwache Herzleistung auftreten, und folglich wird der ganze Körper schlechter mit Blut versorgt. *Kalium phosphoricum* schützt bei krankhaften Prozessen vor Gewebezerfall und mit seiner antiseptischen Wirkung vor einer sogenannten Autointoxikation (Selbstvergiftung) durch toxische Stoffwechselprodukte, die von *Kalium phosphoricum* gebunden und zur Ausscheidung gebracht werden. Bei schwerem Krankheitsbild mit starkem Zellrückgang ist *Kalium phosphoricum* reichlich zu verabreichen und mit *Natrium chloratum* für den Zellwiederaufbau zu kombinieren.

Raucher haben einen erhöhten Bedarf an *Kalium phosphoricum*, da der Nikotingenuß dieses Mineralsalz in starkem Maße verbraucht. Ebenso ist eine negative Lebenseinstellung, die durch Haß, Neid, Eifersucht, Mißgunst, Kummer und Sorgen entstanden ist, ein Verzehrer von *Kalium phosphoricum* und verursacht schwere Krankheiten. Dieser Mineralstoff baut das Immunsystem auf, denn er schafft ein gesundes Milieu in den Körpersäften (Blut und Lymphflüssigkeit), in dem dann Krankheitserreger keinen Nährboden finden.

Kalium phosphoricum kann auch bei fiebrigen Entzündungsprozessen vorzüglich eingesetzt werden. Zwar ist es kein fiebersenkendes Mittel, jedoch hilft es dem Immunsystem bei der Verarbeitung und dem Ausscheiden von Stoffwechselgiften. Vor allem bei länger anhaltenden Fiebererkrankungen, mit denen Apathie und leich-

tes Delirium einhergehen, ist dieser Mineralstoff einzusetzen.
Kalium phosphoricum ist außerdem notwendig für die Kraft und Stärke der gesamten Muskulatur. Bei lange andauerndem Mangel zeigen sich Bewegungseinschränkungen, körperliches Schwächegefühl durch Muskelschwund bis hin zu Lähmungserscheinungen. Diese Symptome können auch nach anhaltender körperlicher Überforderung auftreten. Ein Hinweis auf den Bedarf von *Kalium phosphoricum* kann ein unmittelbar nach dem Essen einsetzendes Hungergefühl sein. Es deutet auf eine schlechte Resorption der nutritiven Stoffe aus der Nahrung im Darm hin.
Kalium phosphoricum stärkt durch die Erhaltung der Zellen und deren Regeneration die Lebenskraft. Es ist das Hauptmittel bei allen Erschöpfungszuständen und Veränderungen des Befindens mit depressivem Charakter.
Durch *Kalium-phosphoricum*-Mangel verursachte Zustände verschlimmern sich gegen Morgen, durch körperliche und geistige Anstrengung, seelische Erregung und Kälte. Besserung entsteht durch Ruhe und Wärme.

Anwendungsmöglichkeiten von *Kalium phosphoricum*

Kalium phosphoricum wird in der Potenz D6 empfohlen. Es wird bei Fieber über 38,5 °Celsius eingesetzt. Aufgrund seiner Gewebefäulnis verhütenden Wirkungsweise wird es das »innere Antiseptikum« der Biochemie genannt. Es ist das wertvollste der biochemischen Funktionsmittel bei akuten und chronischen Krankheiten und

Infektionen mit fauligen, entzündeten Zuständen und übelriechenden Absonderungen. Bei akuten Entzündungsvorgängen beginnt die Behandlung mit *Ferrum phosphoricum*, und *Kalium phosphoricum* kann nach etwa zwei Tagen abwechselnd mit *Ferrum phosphoricum* eingesetzt werden. Zur Stärkung des Körpers beim Abklingen der Krankheit sind *Kalium phosphoricum* und *Natrium chloratum* eine gute Kombination.

Kalium phosphoricum regt die Zellregeneration und den Stoffwechsel an und stärkt das Nervensystem, jedoch nicht in der Form, daß Unruhe zu erwarten ist. Das Gegenteil ist der Fall: bei Einschlafschwierigkeiten können 4 Tabletten etwa 15 bis 20 Minuten vor dem Zubettgehen genommen werden. Es stellen sich innere Ruhe, vor allem vom Herzen her, Schlafbereitschaft und ein ruhiger erholsamer Schlaf ein.

Bei länger anhaltenden Zuständen wie Nervosität, nervösen Herzstörungen, nervösen Zuckungen und Lähmungserscheinungen im Gesicht, körperlicher und geistiger Erschöpfung, Gedächtnis- und Konzentrationsschwäche, Angstgefühlen mit Herzklopfen, Rastlosigkeit und Schlaflosigkeit, Unlust zu geistiger Tätigkeit, Hysterie und Melancholie, Kräfteverfall bei Blutungen und Infektionskrankheiten, bei ständiger Überanstrengung und unerklärbarem Mundgeruch sollen über einen längeren Zeitraum täglich etwa 6- bis 8mal 1 Tablette *Kalium phosphoricum* eingenommen werden.

Zum Entgiften des Körpers und bei durch psychische Erregung herrührendem Durchfall mit nachfolgender großer Schwäche und Heißhunger können 20 Tabletten,

in Wasser aufgelöst, schluckweise alle 5 bis 10 Minuten genommen werden.
Muskel- und Nervenzellen benötigen *Kalium phosphoricum.* Wenn ein Mangel besteht, treten Muskelschwäche und -schwund, Schmerzen bei Bewegung bis zur Bewegungseinschränkung, Gewebezerfall und Lähmung auf. Hier sind Einnahmen über eine längere Zeit von etwa 8- bis 10mal 1 Tablette täglich zu empfehlen.

Antlitz-Diagnose

Bei Mangel von *Kalium phosphoricum* sind die vorherrschenden Merkmale die aschgraue Gesichtsfarbe, das müde Aussehen, so als sei das Gesicht mit grauschwarzem Staub überzogen und ungewaschen. Bei lange bestehendem Mangel wirken die frühzeitig ergrauten Schläfen wegen Gewebeverlusts meist eingefallen. Es treten Müdigkeit und großes Ruhebedürfnis auf.

Anzeichen im Gesicht bei Mangel mehrerer Mineralsalze

Calcium fluoratum und Kalium phosphoricum:
Es erscheinen Würfelfalten um die aschgrau wirkende Augengegend.

Calcium phosphoricum und Kalium phosphoricum:
Die Haut ist wächsern, wie bei Wachspuppen, blaß und von aschgrauer Farbe. Besonders wächsern und blaß sind die Ohren.

Ferrum phosphoricum und Kalium phosphoricum:
Es treten Ferrum-Röte und aschgraue Hautfarbe und häufig bläulich-schwarze Schatten im inneren Augenwinkel zur Nasenwurzel hin auf.

Kalium chloratum und K. phosphoricum:
Es fällt eine milchig-rötliche oder milchig-bläuliche Gesichtsfarbe auf, die am deutlichsten an den Augenlidern hervortritt. Auf der milchfarbenen Gesichtshaut zeigt sich ein aschgrauer Überzug, die Haut sieht blaß und fahl aus. Es kommt auch vor, daß dieses Hautbild nach bereits lang anhaltendem Mangel am ganzen Körper auftritt.

Kalium sulfuricum und K. phosphoricum:
Es zeigen sich braungelbe und aschgraue Färbungen der Haut. Liegen diese nebeneinander, sieht das Gesicht scheckig aus. Besonders am Kinn mischen sich die beiden Farben. Es entsteht dann eine Gesichtsfarbe, die zwischen Braungelb und Grau beziehungsweise Graugelb liegt. Bei diesem Bild entsteht der Verdacht auf ein Leberleiden, was oft auch tatsächlich der Fall ist. Von diesem Zustand ist die grünlich-gelbe Gesichtsfarbe, die bei *Natrium-sulfuricum*-Mangel auftritt, zu unterscheiden.

Magnesium phosphoricum und Kalium phosphoricum:
Magnesia-Röte, die sich wie ein zarter rosa Schleier über die Wangen, oft aber auch – dann als sogenannte hektische Röte bezeichnet – über das gesamte Gesicht, den

Hals und das Dekolleté ausbreitet. Das Aschgrau des *Kalium-phosphoricum*-Mangels liegt um die Augengegend und im übrigen Gesicht unter der leichten Magnesia-Röte.

Natrium chloratum und Kalium phosphoricum:
Das Gesicht sieht gedunsen und aschgrau aus. Es ist Gelatineglanz zu erkennen, und häufig treten schmierige Lidrandstreifen auf. Die Augen tränen leicht bei äußeren Reizen. Oft ist das ein Hinweis, daß etwas mit dem Wasserhaushalt, also hauptsächlich mit den Nieren, nicht stimmt. Der Gelatineglanz läßt sich abwischen, die Haut sieht darunter matt aus. Der Glanz kehrt jedoch nach kurzer Zeit wieder.

Natrium phosphoricum und Kalium phosphoricum:
Fettglanz und aschgraue Gesichtsfarbe sowie das Auftreten von Mitessern sind die Merkmale dieser Mängel. Der Glanz sieht speckig aus und ist am häufigsten in der T-Zone (Stirn, Nase, Kinn) des Gesichts festzustellen. Mitesser und unreine Haut sind das deutlichste Zeichen für diese Mängel und ein Hinweis auf Blutübersäuerung durch eine falsche Ernährungsweise.

Natrium sulfuricum und Kalium phosphoricum:
Es tritt eine entzündliche Röte auf den Wangen und der Nase auf. Die Färbung kann ins Rötlich-Bläuliche gehen, wie die Farbe der typischen »Säufernase«. Die Augenpartie und oft auch das Kinn sind meist aschgrau. Die restlichen Gesichtspartien zeigen bei diesem Mangel

häufig eine auffallend grünlich-gelbe Farbe, im Gegensatz zum Mangel von *Kalium sulfuricum,* bei dem ein eher bräunliches Gelb auftritt.

Silicea und Kalium phosphoricum:
Die Gesichtsfarbe ist aschgrau, und darüber liegt Glasurglanz. Auffallend ist die frühzeitige Faltenbildung, besonders von Krähenfüßen an den äußeren Augenwinkeln zu den Ohren hin. Es sind eine allgemeine Hauterschlaffung, schlechte Nägel und Haarausfall festzustellen. Dunkle Augenlidhöhlen sind ebenfalls ein Zeichen dieses Mangels.

Natürliche *Kalium-phosphoricum*-Ressourcen

Sowohl Kalium als auch Phosphor sind in Vollkorn, Kartoffeln, Fisch, Fleisch, Milch und Milchprodukten, Geflügel und Eiern enthalten. Eine Kombination dieser Lebensmittel mit grünen Blattgemüsen und Salaten läßt kaum Mängel aufkommen.

Wirkungsweise von *Kalium phosphoricum* im geistig-seelischen Bereich

Innere Unruhe, Ängstlichkeit und Selbstzweifel brauchen *Kalium phosphoricum.* Die Funktion der Muskulatur, vor allem des Herzmuskels, ist wesentlich daran beteiligt, wie gut man sich fühlt und wie man seine Leistungen und sein Selbstwertgefühl einschätzt. Die seelische Symptomatik bei Mangel von *Kalium phosphoricum* ist Ausdruck der körperlichen Verfassung. Reizbarkeit, Zweifel und Ängste stellen das Gefühl der Liebe in den Hintergrund. Solche Zustände wollen darauf hinweisen, daß man sich selbst und andere mit mehr Liebe und Aufmerksamkeit bedenken und ein vielleicht verlorengegangenes Urvertrauen in höhere Kräfte und Mächte entwickeln sollte. Loslassen von negativen, depressiven Vorstellungen und der Glaube an das Gute werden den Körper und jede einzelne Zelle mit einem positiven Impuls aufladen; Seele und Geist können gesunden.

Bevorzugte Einnahmezeit: nachmittags und abends.

Nr. 6 – Kalium sulfuricum (schwefelsaures Kalium)

Kalium sulfuricum befindet sich in der Epidermis, der äußersten Hautschicht und in allen Schleimhäuten. Es ist auch ein hervorragendes Lebermittel, weil es die Entgiftungsarbeit dieses Organs unterstützt. Zusammen mit Eisen dient es dem Zellstoffwechsel und regt die Sauerstoffverwertung in Blut und Gewebezellen sowie in den Atemorganen an. Es fördert den venösen, *Ferrum phosphoricum* den arteriellen Blutkreislauf. *Kalium sulfuricum* ist das Mittel der dritten Phase bei Entzündungsvorgängen.
Wenn chronische Krankheiten wie Hautjucken, Ekzeme und allergische Hautaffektionen weder richtig ausbrechen wollen noch abheilen, ist *Kalium sulfuricum*

gefragt. Bei chronischen »Erkältungskrankheiten« wie Schnupfen, verstopften Nebenhöhlen und Husten zeigen sich bei *Kalium-sulfuricum*-Mangel gelblich-schleimige Absonderungen, Abschuppungen, chronisch-eitrige Schleimhautkatarrhe in Hals, Nase, Ohren, Bronchien, Augenbindehaut, Magen und Darm, Leber und Nieren. Durch den entstehenden Sauerstoffmangel im Blut treten Mattigkeit, Unlust, nervöse Herzstörungen, Apathie und häufig Kopf- sowie Glieder- und Muskelschmerzen auf. Vor allem in schlecht belüfteten Räumen verschlimmert sich dieser Zustand. Er wird an der frischen Luft besser.

Der Schwefelanteil in *Kalium sulfuricum* fördert die Entgiftung des Blutes und der Körpergewebe, indem es für eine verstärkte Ausscheidung von Stoffwechselschlacken sorgt. So ist es gelegentlich möglich, daß es zu einer Erstverschlechterung kommt, da der Körper auch über die Haut entgiftet und sich dort Unreinheiten zeigen können. Bei allen über lange Zeit anhaltenden Hautaffektionen ist dieser Mineralstoff gefragt. Er macht die Haut gesund und schön in ihrer Struktur, besonders wenn dazu abwechselnd *Silicea* genommen wird.

Anwendungsmöglichkeiten von *Kalium sulfuricum*

Kalium sulfuricum ist das Mineralsalz des dritten, also des Abheilstadiums bei Entzündungsvorgängen. Geeignet dafür ist die Einnahme von etwa 8- bis 10mal 2 Tabletten täglich in der D6-Potenz. Bei chronischen, bereits seit Monaten oder Jahren bestehenden Krankheiten

ist etwa 4- bis 6mal 1 Tablette täglich in D12-Potenz zu empfehlen.
Bei dunkelgelben Absonderungen von den Schleimhäuten der Nase, des Rachens und der Haut, bei Ekzemen, Allergien, Neurodermitis, Akne, Abschuppungen mit klebrig-gelbem Untergrund und Warzen sind 10mal 2 Tabletten täglich in D6-Potenz bis zum Abklingen zu lutschen. Begleitend zur Einnahme kann *Kalium-sulfuricum*-Salbe angewendet werden, die das Abheilen beschleunigt und Hautjucken mildert oder sogar ganz stoppt.
Bei Verdauungsschwierigkeiten, Muskelkater, Rheumaschmerzen, schweren Gliedern, Gelenkschmerzen, Leber- und Nierenleiden können 3mal täglich 8 bis 10 Tabletten in warmem Wasser gelöst genommen werden. Da *Kalium sulfuricum* die Stoffwechsel- und Entgiftungsvorgänge fördert, sollte während der Einnahme dieses Mittels möglichst viel getrunken werden. Geeignet sind destilliertes oder stilles Wasser sowie leichter Pfefferminztee, der nach ein paar Wochen abgesetzt und gegen einen anderen Kräutertee ausgetauscht werden sollte.
Bronchitis im dritten Stadium (nach *Ferrum phosphoricum* im ersten Stadium und *Kalium chloratum* im zweiten Stadium) benötigt etwa alle zwei Stunden 2 Tabletten.
Mit *Kalium sulfuricum* wurden hervorragende Ergebnisse erzielt bei der Bekämpfung der unter dem Begriff Cellulite bekannten Orangenhaut. Als Kur wurde getrennte Kost ohne Fleisch- und Milchprodukte, viel frisches Obst und dunkelgrünes Gemüse, Salate, Nüsse und vollwer-

tiges Brot gegessen und etwa 2 Liter Wasser zur Ausschwemmung der Gifte täglich getrunken. Unterstützend dazu wurden *Kalium sulfuricum* (von etwa 9 Uhr bis 16 Uhr stündlich 2 Tabletten) und *Natrium phosphoricum* (von etwa 17 Uhr bis zum Schlafengehen ebenfalls stündlich 2 Tabletten) verabreicht. Nach 4 bis 6 Wochen war die Cellulite, die oft jahrelang vorhanden war, verschwunden.
Übrigens: Die oben geschilderte Ernährungsweise ist nicht nur als Therapie sinnvoll, sondern trägt allgemein sehr zu Wohlbefinden und Lebensfreude bei.

Antlitz-Diagnose

Kalium-sulfuricum-Mangel zeigt sich im Gesicht durch braungelbe Färbungen. Diese können fleckenweise oder über das ganze Gesicht verteilt auftreten. Da diese Hautfärbung ins Ockergelb geht, vermutet man dabei häufig eine Lebererkrankung. Oft trifft diese Annahme dann auch zu. Die bei *Natrium sulfuricum* auftretende grünlich-gelbe Farbe ist klar zu unterscheiden von der braungelben bei *Kalium-sulfuricum*-Mangel.

Anzeichen im Gesicht bei Mangel mehrerer Mineralsalze

Calcium fluoratum und Kalium sulfuricum:
Die Gesichtsfarbe ist braungelb, vor allem um die Mundwinkel und um die Augengegend sind Würfelfalten festzustellen.

Calcium phosphoricum und Kalium sulfuricum:
Das Hautbild ist wächsern, auffallend meistens in der T-Zone (Stirn, Nase, Kinn) und an den Ohren. Die wächserne Oberflächenbeschaffenheit läßt die Blässe und den braungelben Grund deutlich durchscheinen.

Ferrum phosphoricum und Kalium sulfuricum:
Es treten Ferrum-Röte oder dunkle Ferrum-Schatten auf braungelbem Grund auf.

Kalium chloratum und K. sulfuricum:
Das Gesicht ist überall dort milchfarben, wo die braungelbe Färbung nicht hinreicht, daher kann die Haut fleckig aussehen.

Kalium phosphoricum und K. sulfuricum:
Aschgrau mischt sich mit Braungelb oder die beiden Färbungen liegen nebeneinander. Die schmutziggrauen Schatten sind vor allem um die Augengegend sichtbar. Das Gesicht sieht ungewaschen und müde aus.

Magnesium phosphoricum und Kalium sulfuricum:
Ist das Gesicht durchweg braungelb gefärbt, so ist die feine, zarte Magnesia-Röte schwer zu erkennen. Erst bei genauerem Hinsehen kann man einen Hauch Rosa über der braungelben Färbung entdecken.

Natrium chloratum und Kalium sulfuricum:
Die Gesichtshaut ist braungelb und gedunsen, meist links und rechts der Nasenflügel. Bei länger anhalten-

dem und großem Mangel tritt Gelatineglanz auf. Die Hautoberfläche ist schwammig und deshalb oft uneben. Es zeigen sich schmierige Lidrandstreifen, und selbst bei geringem Anlaß tränen die Augen.

Natrium phosphoricum und Kalium sulfuricum:
Die Haut ist von braungelber Farbe und mit einem Fettglanz überzogen, der sich nach dem Abwischen bald wieder einstellt. Dieser Mangel ist eindeutig an den erweiterten Poren und Mitessern zu erkennen. Bei diesem Mangel ist die Fettausscheidung über die Haut sehr erhöht, und es kommt zu ungewöhnlich starken Absonderungen, die die Brille beschlagen und Körper- und Bettwäsche mit Fettflecken versehen.

Natrium sulfuricum und Kalium sulfuricum:
Typisch sind hier die entzündliche Röte hauptsächlich auf der Nase (»Säufernase«) und die braungelbe bis grüngelbe Mischung der Hautfärbung. Das grünliche Gelb tritt meist an den Schläfen mehr hervor.

Silicea und Kalium sulfuricum:
Die Hautfarbe ist braungelb und mit Glasurglanz überzogen. Es zeigen sich Augenlidhöhlen und die für diesen Mangel charakteristischen Krähenfüße von den Augenwinkeln bis zu den Ohren hin.

Natürliche *Kalium-sulfuricum*-Ressourcen

Kalium sulfuricum kommt vor in Kartoffeln, Bananen, Trockenfrüchten, Sonnenblumenkernen, Vollkornprodukten und Gemüse sowie in Seefischen, Geflügel, Eiern und Milchprodukten.

Wirkungsweise von *Kalium sulfuricum* im geistig-seelischen Bereich

Der Gemütszustand unter dem Mangel von *Kalium sulfuricum* ist depressiv-weinerlich, oft von unerklärbarer Traurigkeit begleitet. Vor allem auf den Abend zu verschlechtert sich diese Stimmung.
Dieser Mineralstoff ist ein Mittel gegen chronische Beschwerden. Dies bedeutet im seelischen Bereich, daß man sich mit schmerzlichen Gefühlen quält und den daraus resultierenden Lebensumständen, die ihre Ursache in früheren Zeiten haben. Wann und wo und wie kam es zur seelischen Verletzung oder Enttäuschung? Ist nun die Zeit gekommen, all das Geschehene noch einmal zu durchleben, zu visualisieren, was damals schmerzte und eine Wunde hinterlassen hat? Vielleicht ist es jetzt möglich, in der momentanen Entwicklungsphase, durch das Wiederauflebenlassen der alten Seelenerlebnisse diese nicht mehr zu verdrängen, sondern ehrlich und in aller Deutlichkeit zu betrachten und nachzuempfinden. Nicht nur Loslassen und Auflösen vom Alten ist das Thema, sondern auch Verzeihen und Vergeben, damit die Seele ihren Frieden findet. »Chroni-

sche Leiden«, auch in der Seele, heilen und den Weg bereiten für das Neue, das kommen will, das entspricht der Wirkungskraft von *Kalium sulfuricum.*

Bevorzugte Einnahmezeit: nachmittags bis abends.

Nr. 7 – Magnesium phosphoricum (phosphorsaures Magnesium)

Magnesium phosphoricum ist das Anti-Streß-Mineral, denn es dämpft Erregtheit, Aggressivität und Gereiztheit. Es ist das biochemische Nerven- und Schmerzmittel bei Krämpfen und Koliken sowie bei allen Unruhezuständen. Es entspannt und entkrampft das Nerven- und Muskelsystem und ist wirksam gegen Thrombosen, zu hohen Cholesterinspiegel, Herzinfarkt und Bluthochdruck. Zahlreiche Enzyme, die für den Stoffwechsel lebensnotwendig sind, werden durch die Anwesenheit von Magnesium erst aktiviert. Auch das Blut profitiert von diesem Mineral. Der Prozeß der Blutgerinnung wird verlängert, was nach Operationen sehr wichtig sein kann, um Embolien entgegenzuwirken. Es wirkt blutgerinnungshemmend und blutfettsenkend und ist deshalb für die Vorbeugung von Herzinfarkten von entscheidender Bedeutung.
Der Speicherort von Magnesium sind zu zirka 60 Prozent die Knochen und zu etwa 40 Prozent die Weichteilgewebe. Je nach Bedarf kann es von dort freigesetzt werden.

Bei Mangel von *Magnesium phosphoricum* können Erkrankungen sämtlicher Drüsen, wie der Lymphdrüsen, Speicheldrüsen und Schilddrüsen, der Leber und Milz auftreten.
Magnesium phosphoricum unterstützt über das vegetative Nervensystem alle unwillkürlichen Bewegungsabläufe wie die Darmperistaltik, Muskeltätigkeit und Zellbeweglichkeit, enzymatische Prozesse und den Stoffwechsel im gesamten Organismus. Bei Bedarf von *Magnesium phosphoricum* leiden die Nervenfasern der glatten Muskulatur, deren Bewegungsrhythmus gestört ist, und es kommt zu heftigen, krampfartigen Schmerzen und Koliken. Verkrampft sind aber auch die Blutgefäße, die dadurch die Blutversorgung zu den Organen, den Gliedern und der Haut nicht mehr gewährleisten können. Es entstehen Durchblutungsstörungen im ganzen Körper, die Schwindel, Engegefühl am Herzen, Herzrhythmusstörungen, Zittern, Migräne, Neuralgien, kalte Hände und Füße zur Folge haben. Weitere Mangelerscheinungen sind ein verstärktes Bedürfnis nach Genußmitteln wie Schokolade, Kaffee, Alkohol und Nikotin, Heißhunger, ein Austrocknen der Haut, Unterleibsschmerzen vor der Menstruation, Übelkeit in der Schwangerschaft, Einschlafschwierigkeiten, Übererregbarkeit, Examensangst, Seitenstechen und starke Blähungen. Schmerzen, die *Magnesium phosphoricum* brauchen, treten reißend, stechend, blitzartig, schießend, bohrend, schneidend, zuckend oder krampfartig auf und können nach kurzen Pausen an wechselnden Körperstellen auftreten.

Anwendungsmöglichkeiten von *Magnesium phosphoricum*

Magnesium phosphoricum ist bei allen plötzlich auftretenden Schmerzen, wie Muskelkrämpfen, Bauch- und Magenkrämpfen, unwillkürlich zuckenden Gliedmaßen, Augen- und Mundwinkeln, Nasenflügeln und Augenlidern, stechenden, schießenden Schmerzen, Neuralgien, Migräne, Koliken, Engegefühl in der Herzgegend, Asthma, Kopfschmerzen und Zahnungsschwierigkeiten bei Kleinkindern, bei nervöser Unruhe und Einschlafschwierigkeiten, als »heiße Sieben« genommen, ein wahrer Segen. Man nimmt dazu etwa 10 Tabletten und eine halbe Tasse abgekochtes, noch gut warmes Wasser und löst die Tabletten darin auf. Zum Umrühren sollte kein Metallgegenstand, sondern ein Teil aus Holz oder Plastik genommen werden. Man trinkt die Mischung in kleinen Schlucken, die man eine Weile im Mund lassen sollte, bevor man sie hinunterschluckt. Diese Art der Einnahme wirkt besonders rasch und bei diesem Mittel am besten (siehe auch Seite 23).
Sollte eine längere Einnahmezeit vorgesehen sein, zum Beispiel bei chronischen Leiden wie Asthma oder nervösen Unruhezuständen, oder wenn vor jeder Menstruation Krämpfe zu erwarten sind, so kann man etwa 3- bis 4mal 5 bis 10 Tabletten täglich in der oben beschriebenen Weise einnehmen.

Der Mangel an *Magnesium phosphoricum* zeigt sich in der hellen, zarten Magnesia-Röte. Sie erscheint auf den Wangen, der Stirn und manchmal auch über dem ganzen Gesicht. Sie kann als Verlegenheitsröte während starker Emotionen oder bei jungen Menschen nach dem Genuß auch nur eines kleinen Schlückchens Alkohol spontan auftreten, wobei sich eine hektische Röte auf Gesicht, Hals und Dekolleté ausbreitet.

Anzeichen im Gesicht bei Mangel mehrerer Mineralsalze

Calcium fluoratum und Magnesium phosphoricum: Würfelfalten, vor allem um die Augen, und Magnesia-Röte.

Calcium phosphoricum und Magnesium phosphoricum: Das Gesicht sieht wächsern wie das einer Wachspuppe aus und ist entweder stellenweise oder ganz mit der zarten, hellen Magnesia-Röte überzogen.

Ferrum phosphoricum und Magnesium phosphoricum: Es können bei diesem Mangel gemischte Röten auftreten, die etwas schwierig zu unterscheiden sind. Bei genauer Betrachtung jedoch ist festzustellen, ob es sich um die helle, leichte Magnesia-Röte oder die stärkere, mit hitziger Haut verbundene Ferrum-Röte handelt. Meist treten hier auch dunkle Schatten an den inneren Augenwinkeln auf.

Kalium chloratum und Magnesium phosphoricum:
Bei diesem Mangel ist die Grundfarbe des Gesichts milchfarben und mit einem zarten rosa Schleier überzogen, der fast unnatürlich aussieht. Die Milchfarbe kann auch fleckenweise auftreten, und die Magnesia-Röte sieht dann auf den milchigen Flecken regelrecht karmesinrot aus.

Kalium phosphoricum und Magnesium phosphoricum:
Aschgraues, müdes, schmutziggraues Aussehen der Gesichtshaut mit einem zarten Überzug von Magnesia-Röte sind die Zeichen dieses Mangelzustands.

Kalium sulfuricum und Magnesium phosphoricum:
Die Gesichtshautfärbung ist hier braungelb mit einem feinen Überzug der Magnesia-Röte, die nur bei genauer Beobachtung festgestellt werden kann.

Natrium chloratum und Magnesium phosphoricum:
Hier treten in erster Linie die Zeichen des *Natrium-chloratum*-Mangels in Erscheinung, und zwar der Gelatineglanz, die aufgedunsene schwammige Hautoberfläche und schmierige Lidrandstreifen. Die Magnesia-Röte wirkt in diesem Fall nur wie zart aufgelegt.

Natrium phosphoricum und Magnesium phosphoricum:
Das auffallendste Zeichen dieses Mangels sind die Mitesser und der Fettglanz mit darüberliegender leichter Magnesia-Röte.

Natrium sulfuricum und Magnesium phosphoricum:
Die Haut ist von gelber Farbe mit Magnesia-Röte oder mit entzündlicher Röte, die sich stärker rot und fleckig darstellt.

Silicea und Magnesium phosphoricum:
Die typischen Anzeichen für diesen Mangel sind die Krähenfüße an den äußeren Augenwinkeln zu den Ohren hin oder die Augenlidhöhlen oder der Glasurglanz mit Magnesia-Röte.

Natürliche *Magnesium-phosphoricum*-Ressourcen

Magnesium kommt hauptsächlich in dunkelgrünen Gemüsesorten und Blattsalaten im Chlorophyllkern des Pflanzengrüns vor. Mineral- und Heilwässer enthalten ebenfalls Magnesium. Als weitere Nahrungsmittel sind zu nennen: Vollkorn, unpolierter Reis, Weizenkleie und -keime, Bohnen, Erbsen, rote Bete, Zitrusfrüchte, Sojabohnen, Cashewnüsse, Kaffee, schwarzer Tee und Kakao. Phosphor ist in Eiern, Fleisch, Fisch und Kartoffeln sowie in Milchprodukten enthalten.

Wirkungsweise von *Magnesium phosphoricum* im geistig-seelischen Bereich

Unwillkürliche Reaktionen im äußeren Lebensbereich machen sich genau wie die charakteristischen körperlichen Symptome bei Mangel an *Magnesium phosphoricum* bemerkbar. Unwillkürlich – wie die Darmperistal-

tik – zeigt sich Errötung in Situationen der Erregung, im positiven wie auch im negativen Sinn. Die Röte bedeutet: Kritisiert mich nicht und anerkennt mich, so wie ich bin. Das bringt zum Ausdruck, daß das Augenmerk sehr auf den Wunsch, zu gefallen und anerkannt zu werden, gerichtet ist. Selbstfindung sowie Unabhängigkeit von der Meinung und Anerkennung anderer ist das Thema von *Magnesium phosphoricum.*
Durch die innere Schau und das tiefe Empfinden der eigenen Fähigkeiten sollte Klarheit erlangt werden, so daß diese Gaben gefördert und genützt werden können. Dann bauen sich Selbstwertgefühl, innere Ruhe und Lebensfreude auf. *Magnesium phosphoricum* kann diese Vorgänge unterstützen.

Bevorzugte Einnahmezeit: abends vor dem Schlafengehen, jedoch auch jederzeit beim Auftreten von plötzlichen und krampfartigen Schmerzen und Erkrankungen, besonders in Form der »heißen Sieben« (siehe Seite 41).

Nr. 8 – Natrium chloratum (Kochsalz)

Natrium chloratum ist dasjenige Mineralsalz, das den Wasser- sowie den Säure-Basen-Haushalt im Körper reguliert. Seine Hauptaufgabe besteht darin, die Zellen und die extrazellulären Räume, die Knochen und Knorpelgewebe, den Magen und die Nieren mit ausreichend Flüssigkeit zu versorgen. Die nutritiven Säfte aus der Ernährung können von der Zelle nur aufgenommen werden, wenn u. a. genügend Natrium vorhanden ist. Es stimuliert die Zellneubildung, gewährleistet die Erregbarkeit der Nerven und Muskeln, regt die Bildung roter Blutkörperchen an, fördert die Giftausscheidung aus dem Körper und die Schleimlösung in den Atmungsorganen.

Kochsalz bindet das Wasser im Gewebe. Das heißt, wenn zuviel Kochsalz, das in Nahrungsmitteln enthalten ist, aufgenommen wird, kommt es zu Mangelerscheinungen an *Natrium chloratum.* Der Mangel entsteht durch eine erhöhte Wasseraufnahme des Zellstaates, der sich gegen diese »Überflutung« wehrt, indem er Zellflüssigkeit in die extrazellulären Zwischenräume abgibt. Mit dieser Flüssigkeit aus den Zellen werden nicht nur die überschüssigen ungesunden Kochsalzmengen abgegeben, sondern auch wertvolle Salze, die die Zellen zu ihrer Ernährung und Neubildung benötigen. So kommt es zu einer Verdickung des Blutes und der intrazellulären Flüssigkeit, was den normalen Wasseraustausch stark behindert und die Nieren überlastet. Schlacken und Stoffwechselprodukte können nicht mehr ausreichend ausgeschieden werden.

Als äußerlich wahrnehmbare Symptome entstehen Allergien, Heuschnupfen, Katarrhe, Ekzeme und Hautaffektionen, die ein Anzeichen für Entgiftung sind. Nach langen und schweren Mangelzuständen kommt es jedoch zu weit schwerer wiegenden Konsequenzen: Gelenk- und Muskelrheuma, Arterienverkalkung, stinkendem Urin und ätzend scharfen Absonderungen, abnormem Speichel- und Tränenfluß, wäßrigen Durchfällen,

Unterernährung durch Absorptionsstörungen in Magen und Darm, Appetitlosigkeit, Blutarmut, Hämorrhoiden, Abgeschlagenheit, Aufgedunsenheit vor allem an den Gelenken (Fußknöcheln) und im Gesicht, Schwellungen, Wassersucht, Migräne, Kribbeln (»Ameisenlaufen«) und schlechter Durchblutung in den Extremitäten. Bei Sonnenbrand oder anderen Verbrennungen ist *Natrium chloratum* das wichtigste Mineralsalz zur Wiederherstellung einer gesunden Haut.

Anwendungsmöglichkeiten von *Natrium chloratum*

Natrium chloratum sollte in akuten Fällen in der D6-Potenz, etwa 6- bis 8mal täglich 1 bis 2 Tabletten genommen werden. Bei bereits lange währenden chronischen Erkrankungen ist die D12-Potenz für eine Langzeit-Therapie günstiger. Eine tägliche Einnahme von etwa 4- bis 6mal 1 Tablette ist hier ausreichend.

Bei Verbrennungen, auch Sonnenbrand, ist *Natrium chloratum* das wichtigste Mineralsalz. Zu den Einnahmen können die betroffenen Hautpartien zusätzlich mit feuchten Umschlägen behandelt werden. Dazu löst man etwa 25 Tabletten *Natrium chloratum* (möglichst D4-Potenz) in etwa einem halben Liter gekochtem, abgekühltem Wasser und verwendet diese Flüssigkeit für die Umschläge. Diese sind mehrmals zu erneuern, und zwar immer dann, wenn sie nicht mehr als kühl empfunden werden. Wenn die betroffenen Körperstellen weitgehend schmerzfrei sind, können diese mit *Natrium-chloratum-*

Salbe bis zur völligen Abheilung behandelt werden. Bei leichtem Verbrennungsgrad kann die Salbe sofort ohne Umschläge angewendet werden. Allerdings sollte man bedenken, daß diese, weil sie feucht und kühl sind, als sehr angenehm empfunden werden.

Alle Symptome des *Natrium-chloratum*-Mangels verschlimmern sich bei feuchtem Wetter und feuchter Luft. Besserung in trockener, reiner Luft.

Antlitz-Diagnose

Die auffallenden Zeichen bei Mangel an *Natrium chloratum* sind der Gelatineglanz und schmierige Lidrandstreifen und vor allem das typische gedunsene, aufgeschwemmte Gesicht mit sogenannten Platzbacken (die Haut wirkt über den Wangen prall gespannt).

Anzeichen im Gesicht bei Mangel mehrerer Mineralsalze

Calcium fluoratum und Natrium chloratum:
Es treten Würfelfalten und schmieriger Lidrandstreifen auf, aber auch Gedunsenheit und Gelatineglanz können sich zeigen.

Calcium phosphoricum und Natrium chloratum:
Das Gesicht sieht wächsern blaß und gedunsen aus. Gelatineglanz und schmierige Lidrandstreifen sind ein weiteres Zeichen dieser Mängel.

Ferrum phosphoricum und Natrium chloratum:
Auf dem gedunsenen Gesicht zeigen sich Ferrum-Röte, Schatten um die Augen und schmierige Lidrandstreifen oder Ferrum-Röte und/oder Gelatineglanz und Schatten.

Kalium chloratum und Natrium chloratum:
Das Gesicht ist milchfarben und gedunsen, oft mit schmierigen Lidrandstreifen oder wirkt milchfarben mit Gelatineglanz.

Kalium phosphoricum und Natrium chloratum:
Das Gesicht ist aschgrau und gedunsen, meist mit schmierigen Lidrandstreifen oder ist aschgrau mit Gelatineglanz.

Kalium sulfuricum und Natrium chloratum:
Die typische Färbung im Gesicht ist braungelb mit gedunsener Haut, schmierigen Lidrandstreifen und/oder Gelatineglanz.

Magnesium phosphoricum und Natrium chloratum:
Typische Magnesia-Röte liegt über der gedunsenen Haut, schmierige Lidrandstreifen und/oder Gelatineglanz sind weitere Zeichen dieser Mängel.

Natrium phosphoricum und N. chloratum:
Hier erscheinen Fettglanz und Mitesser, schmieriger Lidrandstreifen und gedunsene Gesichtshaut.

Natrium sulfuricum und N. chloratum:
Die Gesichtsfarbe ist gelb (mehr grünlich-gelb und deshalb deutlich zu unterscheiden von der braungelben Farbe bei Mangel von *Kalium sulfuricum).* Es treten Gelatineglanz, Gedunsenheit und/oder schmierige Lidrandstreifen auf. Hier können sich auch eine entzündliche Röte auf den sogenannten Platzbacken und Gelatineglanz zeigen.

Silicea und Natrium chloratum:
Das hierfür typische Zeichen sind Krähenfüße, Augenlidhöhlen, schmierige Lidrandstreifen, Gedunsenheit, Glasurglanz oder Gelatineglanz.

Natürliche *Natrium-chloratum*-Ressourcen

Die Ernährungsempfehlung wendet sich in diesem Fall in die entgegengesetzte Richtung, das heißt, Sie sollten wenig von den hier angegebenen Lebensmitteln essen.
Kochsalz – und das darin enthaltene Natrium – kommt in sehr vielen Nahrungsmitteln vor, und es entsteht selten ein Mangel, vielmehr wird heutzutage viel zuviel Salz aufgenommen. Dadurch entsteht, wie oben beschrieben, ein Mangel an *Natrium chloratum* im Körper. Nur etwa 5 bis 7 Gramm Kochsalz täglich, das enthält ungefähr 3 Gramm Natrium, sind ausreichend und gesund.
Als besonders salzhaltige Nahrungsmittel, die möglichst selten genossen werden sollten, sind zu erwähnen: Salzstangen, Chips und sonstige Knuspergebäcke, ein-

gelegte Oliven und Matjesheringe, geräucherte Fleischwaren, Käse, Brühwürfel und Mineralwasser mit hohem Natriumgehalt (die genauen Angaben dazu befinden sich auf den Etiketten).

Wirkungsweise von *Natrium chloratum* im geistig-seelischen Bereich

Wie eine Quelle zum Bach oder Fluß wird, so sollen Kräfte und Energien in uns fließen, kommen und gehen. So wie das Wasser in der Natur in ständiger Bewegung ist, so soll es in unserem Körper sein und uns im seelischen Bereich befähigen, andere an unserer Energie und Liebe teilhaben zu lassen. Was wir selbst errungen haben, selbstlos zu teilen und darauf zu achten, daß wir mit unseren eigenen Kräften sinnvoll umgehen und haushalten, kann heilend auf die oft pessimistische Stimmung bei *Natrium-chloratum*-Bedarf wirken.

Bevorzugte Einnahmezeit: um die Mittagszeit, ca. 12 bis 15 Uhr.

Nr. 9 – Natrium phosphoricum (phosphorsaures Natron)

Natrium phosphoricum ist ein Säure-Neutralisierer. Es ist das wichtigste Mineralsalz gegen alle Krankheiten, die durch Übersäuerung des Blutes auftreten. Es wirkt ausgleichend auf den Säuren-Basen-Haushalt. *Natrium phosphoricum* kommt vorwiegend in den Nerven-, Gehirn- und Muskelzellen, der Zellflüssigkeit und den Blutzellen vor. Milchsäure, die in der Muskulatur beispielsweise durch sportliche Betätigung entsteht, wird durch Natrium in Wasser und Kohlensäure aufgespalten und gebunden. Die Kohlensäure wird dann über die Lungen ausgeatmet. Wenn zuviel Säure und zuwenig Natrium im Körper ist, kann dieser Vorgang nicht ausreichend stattfinden. Die Säure greift die Zellmembran an und kann Zellen zerstören.

Ein gesundes Maß an Säuren im Körper ist außerdem notwendig, um Verdauungs- und Stoffwechselvorgänge zu gewährleisten. Ein Übermaß an Säure im Körper über längere Zeit macht krank.

Zuviel Säure im Körper entsteht durch Gärung ungesunder, das heißt durch zu häufigen Genuß denaturierter, raffinierter Nahrungsmittel wie Schokolade und andere Süßigkeiten, Kuchen, Pizza und sonstige Weißmehlprodukte, Spaghetti und sämtliche Nudeln, Schweinefleisch, Limonaden und nicht frisch gepreßte Fruchtsäfte und Alkohol. Das Wohlbefinden leidet sehr schnell darunter. Abgeschlagenheit, Dauermüdigkeit, verminderte Sehkraft, schlechte Laune und schnelles »Sauer-Sein« werden zum resignierten »Normalzustand«.

Ein Mangel an *Natrium phosphoricum* verursacht Harnsäure-Ablagerungen und führt zu Schmerzen an Gliedern und Gelenken, zu Versteifungen, auch zu Schwellungen der Drüsen sowie zu Gicht und rheumatischen Erkrankungen. Die deutlichen Symptome einer Über-

säuerung sind saures Aufstoßen oder Erbrechen, Sodbrennen, säuerlich riechende Absonderungen (Stuhl und Schweiß), Augenentzündungen, Mandel-, Rachen- und Blasenkatarrhe, Drüsenschwellungen, Fettleibigkeit, Gallen- und Nierensteine, Allergien, Verschleimung der Nebenhöhlen und im Hals- und Brustbereich.
Bei langanhaltender Übersäuerung, etwa über Jahre hinweg, entsteht in Blut und Darm ein Milieu, das einen Nährboden bietet für Krankheiten wie Darmparasiten und Darmpilz *(Candida albicans)*, der speziell dann auftritt, wenn Antibiotika genommen werden mußten, die die Darmflora empfindlich stören. Der Pilzfall macht sich in erster Linie durch Unlust, ständiges Erkältetsein, häufigen Schnupfen, Juckreiz und Schleim in den Augen, Herpes simplex, Allergien mit Hautaffektionen, Neurodermitis und Heuschnupfen bemerkbar.
Abschließend noch eine Anmerkung: In der Forschung ist schon vor Jahren nachgewiesen worden, daß Übersäuerung den geeigneten Nährboden für die Entstehung von Krebs schafft.

Anwendungsmöglichkeiten von *Natrium phosphoricum*

Natrium phosphoricum wird bei akuter Symptomatik in D6-, bei chronischen, langanhaltenden Zuständen in D12-Potenz genommen.
Zur Entgiftung des Blutes bei einer bereits länger bestehenden Übersäuerung und zum Abbau von Harnsäurekristallen ist die Einnahme der Kombination von *Silicea*

und *Natrium phosphoricum* geeignet. Man nehme täglich vormittags bis zum frühen Nachmittag 4mal 2 Tabletten *Silicea* D12 und ab dem späten Nachmittag 4mal 2 Tabletten *Natrium phosphoricum* D6.
Bei Sodbrennen können 15 Tabletten *Natrium phosphoricum* D3 oder D6 in Wasser aufgelöst genommen werden.

Antlitz-Diagnose

Charakteristische Zeichen für einen *Natrium-phosphoricum*-Mangel sind der Fettglanz auf der Haut und Mitesser.

Anzeichen im Gesicht bei Mangel mehrerer Mineralsalze

Calcium fluoratum und Natrium phosphoricum:
Es zeigen sich Würfelfalten und Fettglanz sowie meist Mitesser auf großporiger Haut. Möglich sind auch Mastdarmfalten.

Calcium phosphoricum und Natrium phosphoricum:
Das Gesicht sieht wächsern aus und ist mit Fettglanz überzogen. Mitesser sind zu sehen.

Ferrum phosphoricum und Natrium phosphoricum:
Ferrum-Röte, Fettglanz, Schatten und Mitesser sind die Zeichen dieses Mangels. Auf den Wangen liegt eine hitzige Röte.

Kalium chloratum und Natrium phosphoricum:
Das Gesicht erscheint milchfarben und hat Fettglanz und/oder Mitesser.

Kalium phosphoricum und Natrium phosphoricum:
Die Gesichtshaut sieht aschgrau – wie ungewaschen – aus und hat Mitesser und/oder Fettglanz.

Kalium sulfuricum und Natrium phosphoricum:
Die Gesichtshaut ist braungelb und zeigt Fettglanz und/oder Mitesser.

Magnesium phosphoricum und Natrium phosphoricum:
Hier sieht man die Magnesia-Röte auf dem Fettglanz, auch Mitesser zeigen sich. Die Röte ist zart und kann sich über das ganze Gesicht ziehen.

Natrium chloratum und N. phosphoricum:
Dieser Mangel stellt sich mit vielen Anzeichen dar, die nicht alle gleichzeitig auftreten müssen: gedunsenes Gesicht, Lidrandstreifen, Fettglanz, Gelatineglanz und Mitesser. Wurmfalten können sich ebenfalls zeigen.

Natrium sulfuricum und N. phosphoricum:
Die Gesichtsfarbe ist von grünlichem Gelb mit Fettglanz. Häufig zeigen sich auch entzündliche Röte und Fettglanz, fast immer mit Mitessern. Auch Wurmfalten können auftreten.

Silicea und Natrium phosphoricum:
Es erscheinen Krähenfüße und Augenlidhöhlen mit Fettglanz und/oder Mitessern. Es können stellenweise Glasurglanz und Mitesser auftreten.

Natürliche *Natrium-phosphoricum*-Ressourcen

Auch hier gilt die Empfehlung, von folgenden Nahrungsmitteln wenig zu genießen: eingelegte Heringe und Oliven, Käse, Wurst, geräucherte Fleisch- und Fischprodukte, Eier, Milchprodukte, Oliven, Cola-Getränke.
Gesunde *Natrium-phosphoricum*-Vorkommen sind dagegen Erbsen, Erdbeeren, Karotten, Linsen, Roggen, Sellerie, Weizen, Nüsse.

Wirkungsweise von *Natrium phosphoricum* im geistig-seelischen Bereich

Menschen, die gerne und oft Süßes essen, wollen vielleicht Liebe und Zuneigung ersetzen. Häufig ist die Enttäuschung darüber, daß Zuneigung und Anerkennung nicht in dem Maße empfunden werden, wie sie gewünscht sind, so groß, daß man sich resigniert und meist völlig unbewußt einen Ersatz sucht. Eine weitere Beobachtung ist, daß andere übersäuernde Nahrungsmittel ebenfalls bevorzugt werden.
Das Säure-Basen-Gleichgewicht ist gestört, und die dynamischen Kräfte erlahmen. Man ist von sich und seiner Unfähigkeit enttäuscht. Depression, Aggression, Unge-

duld und Unzufriedenheit sind die Folge. Die Zeit für Veränderungen ist angebrochen, die sich am stärksten und schnellsten durch Umstellung der Ernährung ausdrücken. Ist die Übersäuerung erst einmal vermindert worden, so ist man bald nicht mehr so schnell »sauer« und sieht die Welt und sich selbst wieder positiver. Mit dem Säure-Basen-Gleichgewicht entstehen auch ein mentales Gleichgewicht und innere Ruhe. Ganz von selbst bauen sich Aggressionen ab, so daß man seine Kräfte wieder sinnvoll einsetzen kann. Unternehmungslust und Lebensfreude kehren zurück, und man kann mit innerer Überzeugung und Gelassenheit die wichtigen Dinge im Leben entscheiden.
Diese Vorgänge können mit *Natrium phosphoricum* (etwa 6- bis 8mal 1 bis 2 Tabletten täglich) wirksam gefördert werden.

Bevorzugte Einnahmezeit: abends.

Nr. 10 – Natrium sulfuricum (Natriumsulfat)

Natrium sulfuricum ist in erster Linie ein Entgiftungsmittel. Es reguliert die intrazelluläre Flüssigkeit, indem es überschüssiges Wasser im Gewebe ausscheidet.
Während *Natrium chloratum* Nährflüssigkeit *in* die Zellen hineinzieht, zieht *Natrium sulfuricum* die verbrauchte Flüssigkeit *aus* den Zellen heraus. Es baut verbrauchte Zellen ab und regelt den Wassergehalt des Blutes und die Absonderungen der Drüsen, vor allem der

Hauptentgiftungsorgane Leber, Nieren und Bauchspeicheldrüse. Es kontrolliert in starkem Maße die gesunden Leberfunktionen und gewährleistet die Produktion von ausreichend Gallenflüssigkeit, die zur Verdauung unerläßlich ist.

Die Ausscheidung von Flüssigkeit, die mit Stoffwechselschlacken beladen ist, stellt eine weitere lebenswichtige Aufgabe von *Natrium sulfuricum* dar. Bei einem Mangel dieses Mineralsalzes können Zustände entstehen, in denen sich Abfallprodukte ansammeln und nicht ausgeschieden werden können.

Es entwickelt sich ohne diesen Säuberungsprozeß eine Autointoxikation (Selbstvergiftung). Deshalb ist dieser Mineralstoff von wesentlicher Bedeutung bei rheumatischen Erkrankungen und bei allen Krankheiten, die durch Vergiftungsvorgänge entweder hervorgerufen wurden oder schlecht heilen.

Auch Anästhesiegifte nach Operationen und Medikamente mit unerwünschten krank machenden Nebenwirkungen gehören in diese Kategorie von Giften.

Die am häufigsten durch Autointoxikation entstehenden Krankheiten sind offene Beine, Leberentzündung, Abszesse, Aufgeschwemmtsein, Lymphdrüsenschwellungen, Ödeme, häufige grippale Infekte, Gelbsucht, Diabetes, Flechten, Ekzeme, Akne, Blähungen, Schlafstörungen, Nervosität, Blasenentzündungen, Inkontinenz und Rheuma. Die Absonderungen bei Mangel von *Natrium sulfuricum* im Falle von grippalen Infekten und Entzündungen sind wäßrig und gelbgrün, bei wäßrigen

Durchfällen ist der Stuhl sehr hell. Weitere häufig vorkommende Zeichen für diesen Mangel sind auch ein gallenbitterer Geschmack auf der Zunge und die Beeinträchtigung der Geschmacksnerven.

Anwendungsmöglichkeiten von *Natrium sulfuricum*

Bei akuter Krankheit wird *Natrium sulfuricum* in D6-Potenz abwechselnd mit anderen Mineralsalzen, die dem Krankheitsbild entsprechen, genommen. Die Intervalle können dann etwa 15 bis 20 Minuten lang sein.
Bei allen Erkrankungen der Ausscheidungsorgane (Nieren und Blase, Leber und Galle) und bei Wunden, die nässen und sich über längere Zeit nicht schließen, sowie bei Hautaffektionen aller Art kann sich die normale Dosis von *Natrium sulfuricum* D6 ohne Bedenken auf täglich 4mal 10 bis 15 Tabletten, die in Wasser aufgelöst und schluckweise langsam getrunken werden, erhöhen.
Zur Entwässerung bei Ödemen und zur Ausscheidung von Giften können *Natrium sulfuricum* D12 und *Natrium chloratum* D12 abwechselnd in einer Dosierung von 4- bis 6mal je 2 Tabletten täglich über einige Wochen bis zur Besserung eingesetzt werden. Wenn eine bereits jahrelange Tendenz zur Wassersucht besteht, sollte dieses Mineralsalz ebenfalls abwechselnd mit *Natrium chloratum* D12 ständig, und zwar täglich 4mal je 2 Tabletten, eingenommen werden, um einen Mangel zu vermeiden und das Allgemeinbefinden zu verbessern.

Menschen, die oft frieren oder frösteln, leicht verstimmt oder niedergeschlagen sind oder auch Übergewicht haben, brauchen ebenfalls *Natrium sulfuricum*. Ihr Zustand bessert sich in trockener und warmer Umgebung.

Antlitz-Diagnose

Die typischen Zeichen bei *Natrium-sulfuricum*-Mangel sind die entzündliche Röte über dem Nasensattel und bei Kälte an den Ohrrändern. Die entzündliche Röte kann sich auch über die Wangen zu den Ohren hin ziehen. Die übrige Gesichtshaut ist von grünlich-gelblicher Farbe, die manchmal auch als Flecken am deutlichsten um die Nasenwurzel, an den äußeren Augenwinkeln und vor den Ohren auftritt (sehr häufig bei Kleinkindern zu beobachten). Gelbliches Augenweiß ist außerdem zu beobachten.

Anzeichen im Gesicht bei Mangel mehrerer Mineralsalze

Calcium fluoratum und Natrium sulfuricum:
Durch die gelbe Gesichtsfarbe treten meist vorhandene Würfelfalten noch deutlicher hervor. Entzündliche Röte über dem Nasensattel und manchmal über den Wangen zu den Ohren hin und Würfelfalten sind weitere Anzeichen für diesen Mangel.

Calcium phosphoricum und Natrium sulfuricum:
Das Gesicht erscheint wächsern und grünlich-gelb oder wächsern mit entzündlicher Röte.

Ferrum phosphoricum und Natrium sulfuricum:
Hier sind die Röten besonders deutlich. Es kann die sogenannte gemischte Röte auftreten, die das gesamte Gesicht überzieht, jedoch auf der oberen Wangenpartie besonders stark und hitzig erscheint. Nasenwurzel, äußere Augenwinkel und Schläfen sind oft gelblich-blaß, und es treten typische bläulich-schwarze Ferrum-Schatten auf.

Kalium chloratum und Natrium sulfuricum:
Die Haut ist milchig-bläulich mit gelblich-blassen Flecken und entzündlicher Röte über dem Nasensattel.

Kalium phosphoricum und Natrium sulfuricum:
Es zeigen sich ein »schmutziges Gelb«, grünlich-gelbe Flecken und entzündliche Röte. Eine aschgraue Färbung erscheint vorzugsweise am Kinn. Das Gesicht sieht scheckig aus.

Kalium sulfuricum und Natrium sulfuricum:
Die Farben der Mängel vermischen sich und ergeben ein ins Grünliche schimmernde Braungelb. Ebenso kann entzündliche Röte auf der Nase auftreten.

Magnesium phosphoricum und Natrium sulfuricum:
Es zeigt sich eine gemischte Röte: das heißt, ein feiner rosaroter Hauch über das ganze gelb unterlegte Gesicht und die markanter erscheinende entzündliche Röte auf der Nase – die sich manchmal über die Wangen bis zu den Ohren hinzieht – sind die Zeichen dieses Mangels.

Natrium chloratum und N. sulfuricum:
Typische Erscheinungen sind der schmierige Lidrandstreifen, gelbe, gedunsene Haut mit Gelatineglanz und/oder entzündlicher Röte.

Natrium phosphoricum und N. sulfuricum:
Abwischbarer Fettglanz mit entzündlicher Röte und vergrößerte Poren mit Mitessern auf gelber Haut sind Anzeichen für diesen Mangel.

Silicea und Natrium sulfuricum:
Es können sich gelbe Hautfarbe, Krähenfüße und allgemein erschlaffte Haut, Augenlidhöhlen, entzündliche Röte und Glasurglanz zeigen.
Wenn eine entzündliche Röte erscheint, sieht sie durch den nicht abwischbaren Glasurglanz tiefer liegend und blauer aus, während sie sonst wie aufgetragen wirkt.

Natürliche *Natrium-sulfuricum*-Ressourcen

Natrium kommt in allen salzhaltigen Nahrungsmitteln wie beispielsweise geräucherten Fleisch- und Fischprodukten, Knabbergebäck, eingelegten Oliven, Käse, Brühwürfeln, Salzstangen vor. Diese sollten selten nur genossen werden. Schwefelhaltig sind Bananen, Trockenobst, Eier.

Gesunde Vorkommen sind dagegen Äpfel, Blumenkohl, Erdbeeren, Hafer, Karotten, Kartoffeln, Kohl, Blattsalate, Linsen, Rettiche, Orangen, Sellerie, Zwiebeln.

Wirkungsweise von *Natrium sulfuricum* im geistig-seelischen Bereich

Natrium sulfuricum ist ein Reinigungssalz, das belastende Stoffe aus dem Körper ausleiten hilft. Das Alte loslassen und dem Neuen Platz machen kann auch das geistig-seelische Thema sein.
Es ist Zeit für grundlegende Veränderungen, und diese sollten mit freudiger Spannung erwartet werden. Das heißt, alten Ballast abzuwerfen und sich auf das Neue im Leben zu konzentrieren und zu freuen. Man kann den ersten richtigen Schritt mit einer Ernährungsumstellung tun und ein allererstes Erfolgserlebnis genießen, weil durch den ausgelösten Entgiftungsprozeß ein lange nicht mehr vorhandenes Wohlgefühl aufkommt. Die Stimmung steigt, Lebensfreude, Selbstvertrauen, der Glaube an sich selbst und ein Gefühl der Liebe bauen sich wieder auf. Möglichkeiten tun sich auf, Suchtverhalten loszuwerden und das wahre innere Selbst ohne Scheu zu betrachten, daraus zu lernen, um sich weiterzuentwickeln. Wahrscheinlich lösen sich alte Probleme wie von selbst durch eine neue innere Haltung. Bei diesen Vorgängen kann die Einnahme von *Natrium sulfuricum* D6 (6- bis 8mal 1 bis 2 Tabletten täglich) wirksam unterstützen.

Bevorzugte Einnahmezeit: vormittags.

Nr. 11 – Silicea (Kieselsäure)

Silicea ist in allen Zellen, Geweben und Organen, besonders in Lunge, Herz und in den Lymphdrüsen zu finden.

Eine besondere Wechselwirkung besteht zwischen *Silicea* und dem Kalkstoffwechsel, weil Kieselsäure die Calciumaufnahme aus der Nahrung sicherstellt. Sie regt die Bildung von neuen Kollagenfasern an, die zum Aufbau von Bindegewebe, für die Elastizität in den tieferen Hautschichten und von Knorpelmasse, Sehnen und Bändern notwendig sind.

Silicea spielt eine entscheidende Rolle für die Gesundheit von Haut, Haaren, Nägeln und Knochen und gilt deshalb auch als das Kosmetikum unter den Mineralstoffen. Es wirkt verjüngend auf die Festigkeit von Organen und Geweben, fördert die Widerstandsfähigkeit und die Spannkraft der Haut und kann deshalb als Antifaltenmittel eingesetzt werden.

Silicea hilft außerdem bei der Vermehrung weißer Blutkörperchen, wenn diese in besonderem Maße für die Abwehr von Krankheitserregern gebraucht werden.

Es sollte eingesetzt werden bei brandigen und fortschreitenden Geschwüren, aber auch bei nässenden schuppigen Ekzemen auf der Kopfhaut sowie bei chronischen Ohrenerkrankungen wie Katarrhen der Eustachischen Röhre und des inneren Ohrs, die verschiedene Arten von Gehörstörungen (Ohrensausen, Gehörsturz) bis zur Taubheit verursachen. Oft ist eine vorübergehende Taubheit im nachhinein dadurch zu erklären, daß

angesammelte Flüssigkeit entweichen konnte und das Gehör dadurch plötzlich wiederkehrt.
Silicea ist ebenfalls gefragt bei Verlust des Geschmacks- und Geruchsvermögens, Nasenbluten, Magenbeschwerden, Schluckauf, Übelkeit und Erbrechen sowie bei Leberstörungen.
Silicea ist ein Nervensalz, Reinigungs- und Ausscheidungsmittel. Es erzeugt Entzündung um jeden fibrösen Herd und läßt ihn herauseitern. Wo sich Narbengewebe bildet, wird dieses unter *Silicea*-Mangel verhärten.
Silicea ist von besonderem Nutzen bei der Behandlung von Knorpelverwachsungen nach Verletzungen und bei Verknorpelung in Gelenknähe an den Fingern und Zehen. Das Mittel löst Krankheitsherde und Ablagerungen auf und hilft dem Körper, die daraus entstehenden Abfallprodukte auszuscheiden, um eine schnelle Abheilung zu gewährleisten. Bei allen Vorgängen, die nach ableitender Wirkung verlangen, wie eitrigen Abszessen, Geschwüren und Fisteln, Ablagerungen von Harnsäurekristallen, die Rheuma, Gicht und andere schmerzhafte Gelenkskrankheiten verursachen, Nieren- und Blasensteinen (hier wird mit *Silicea* und *Natrium phosphoricum* behandelt) sowie bei der Behandlung von Knochenbrüchen und Knochenkrankheiten, Blutergüssen, Zahneiterungen, eiternder Mittelohrentzündung und Mandelentzündung wird in erster Linie *Silicea* gebraucht.
Ein häufiger Grund für die schleppende Abheilung dieser Krankheiten ist die durch schlechte Ernährung verursachte Übersäuerung des Organismus. Meist bekommt man für diesen Zustand außer ständiger Müdigkeit klare

Hinweise in Form von übelriechender Schweißabsonderung und Mundgeruch, Hautjucken, Haarausfall und brüchigen Haaren und Nägeln.
Der Abbau der Übersäuerung fordert ständig *Silicea*, so daß ein Mangelzustand entsteht. Eine Ernährungsumstellung ist in diesem Fall unbedingt anzuraten, um dem Mineralstoff zur vollen Wirkung zu verhelfen.
Weitere Zeichen von *Silicea*-Bedarf sind nervliche Affektionen. Es kommt zu Einschlafschwierigkeiten, nervösen Zuckungen, Lichtempfindlichkeit und Schreckhaftigkeit.

Der *Silicea*-Patient ist frostig und hat bereits bei kühlen Temperaturen blau angelaufene Hände und Füße. Seine Symptome sind stärker bei nasser als bei trockener Kälte. Warmes Einhüllen verbessert den Zustand.

Anwendungsmöglichkeiten von *Silicea*

Silicea wird vorzugsweise in der D12-Potenz eingenommen, da diese besser vom Körper aufgenommen wird als die D6.
Bei Nieren- und Blasensteinen ist *Silicea* abwechselnd mit *Natrium phosphoricum* einzunehmen. Die Dosierungsempfehlung ist wie bei anderen chronischen Erkrankungen je 4mal 2 Tabletten täglich über eine längere Zeit (mindestens einige Monate). Diese Krankheiten sollten auf jeden Fall vom Urologen genau untersucht und überwacht werden.
Zur Abheilung von eitrigen Prozessen und Blutergüssen

kann man alle 1 bis 2 Stunden 1 Tablette *Silicea* D12 unter der Zunge zergehen lassen.

Bei Gebärmutter- und Blasensenkungen, Damm- und Afterrissen, Krampfadern, Überbein, Knochenfisteln, brüchigen Nägeln, frühen Alterserscheinungen wie Faltenbildung (vor allem Krähenfüße), Haut- und Gewebeerschlaffung, Hämorrhoiden, Haarausfall und sprödem Haar ist die Kombination von *Silicea* D12 und *Calcium fluoratum* D12 am wirksamsten. Es können täglich 3- bis 4mal je 2 Tabletten eingenommen werden. Diese Behandlung kann ohne weiteres über Jahre beibehalten werden. Wenn die ersten Erfolge sichtbar geworden sind, kann die Dosierung zur Erhaltung des Zustandes halbiert werden.

Zusätzlich zu dieser Behandlung können zur rascheren Wiederherstellung der Spannkraft der Haut die Cremes der beiden Mineralstoffe, *Silicea*-Creme und *Calcium-fluoratum*-Creme, eingesetzt werden. Sie vertragen sich ohne weiteres mit den üblicherweise angewendeten Kosmetikprodukten.

In manchen Fällen von frühzeitigen Alterserscheinungen fehlt noch zusätzlich *Kalium phosphoricum*. Die Antlitz-Diagnose kann die richtigen Hinweise geben.

Zur Behandlung von Knochenbrüchen und anderen Knochenkrankheiten kann *Silicea* D12 abwechselnd mit *Calcium phosphoricum* D6 und *Calcium fluoratum* D12 gegeben werden. Gaben von jeweils 2 Tabletten alle 3 Stunden verhelfen zur raschen Heilung. Bei einem Drei-Stunden-Intervall kann jede Stunde ein anderes der drei genannten Mittel eingenommen werden.

Bei Zahneiterungen kann jede halbe Stunde 1 Tablette *Silicea* D12 gelutscht oder können alle 2 bis 3 Stunden 8 bis 10 Tabletten in abgekochtem und abgekühltem Wasser aufgelöst und eingenommen werden.
Bei Überempfindlichkeit und gereizten Nerven, mangelnder Konzentration und Zerstreutheit, Abgeschlagenheit am Morgen, Sehschwäche, Schreckhaftigkeit und Lichtempfindlichkeit, ruhelosem Schlaf und Einschlafschwierigkeiten, nervösen Zuckungen, Unruhe in Armen und Beinen, ist die tägliche Einnahme von *Silicea* D12, etwa 4mal 2 Tabletten, eine große Hilfe.

Antlitz-Diagnose

Bei *Silicea*-Mangel können Krähenfüße, Augenlidhöhlen und Glasurglanz auftreten. Bei lange bestehendem Mangel verlieren Bindegewebe und Haut ihre Spannkraft und werden frühzeitig faltig und schlaff. Die Poren der Gesichtshaut sind meist ganz geschlossen und kaum sichtbar.

Anzeichen im Gesicht bei Mangel mehrerer Mineralsalze

Calcium fluoratum und Silicea:
Bei diesem Mangel erscheinen fast immer Würfelfalten. Hinzu kommen können Krähenfüße, Augenlidhöhlen, Glasur- oder Firnisglanz.

Calcium phosphoricum und Silicea:
Die Haut sieht wächsern aus, an den äußeren Augenwinkeln über den Schläfen erscheinen Krähenfüße. Außerdem sind Augenlidhöhlen und/oder Glasurglanz Zeichen dieses Mangels.

Ferrum phosphoricum und Silicea:
Typisch für diesen Mangel sind die hitzige Ferrum-Röte und Schatten auf der Haut, Augenlidhöhlen und Krähenfüße an den äußeren Augenwinkeln. Es kann sich auch Glasurglanz über die Ferrum-Röte legen.

Kalium chloratum und Silicea:
Das Gesicht ist von milchiger Farbe und zeigt Krähenfüße, Augenlidhöhlen oder Glasurglanz.

Kalium phosphoricum und Silicea:
Hier tritt eine aschgraue Farbe mit Krähenfüßen an den äußeren Augenwinkeln und Augenlidhöhlen auf. Darüber liegt meist Glasurglanz.

Kalium sulfuricum und Silicea:
Es erscheinen außer der braungelben Hautfarbe Krähenfüße an den äußeren Augenwinkeln und Augenlidhöhlen sowie Glasurglanz.

Magnesium phosphoricum und Silicea:
Es erscheinen die zarte, helle Magnesia-Röte und Krähenfüße an den äußeren Augenwinkeln und Augenlidhöhlen sowie Glasurglanz.

Natrium chloratum und Silicea:
Es können auftreten: schmieriger Lidrandstreifen, Krähenfüße, Augenlidhöhlen, gedunsenes Aussehen, Gelatine- oder Glasurglanz.

Natrium phosphoricum und Silicea:
Sehr typisch für diesen Mangel sind der abwischbare Fettglanz mit Mitessern, Krähenfüßen, Augenlidhöhlen und Glasurglanz.

Natrium sulfuricum und Silicea:
Die entzündliche Röte, gelbliche Gesichtsfarbe, Krähenfüße und Augenlidhöhlen unter Glasurglanz sind die Zeichen dieses Mangels. Durch den Glanz erscheint die entzündliche Röte tiefliegend und blauer, während sie sonst wie aufgesetzt aussieht.

Calcium sulfuricum und Silicea:
Es treten eine gelbliche, schmutziggraue Färbung der Gesichtshaut, Pigmentflecken, Krähenfüße, Augenlidhöhlen und Glasurglanz auf.

Natürliche *Silicea*-Ressourcen

Kieselsäure kommt in den meisten Getreidesorten vor, am meisten jedoch in der Hirse. Außerdem findet man *Silicea* in Erdbeeren, Feigen, Gurken, Hafer, in allen Kohlsorten, Kopfsalat, Feldsalat, Spargel und Spinat.

Wirkung von *Silicea* im geistig-seelischen Bereich

Bei Bedarf von *Silicea* fehlt in einem übertragenen Sinne die Stütze für die geistige Haltung. Es fehlt die Standhaftigkeit.

Bei einem Schachtelhalm oder einem Getreidehalm können wir beobachten, daß der feine, dünne Stengel aufrecht steht, Wind und Wetter standhält und die Ähre bis zum Reifen trägt. Im Halm wird Kieselsäure abgelagert, um ihm die Standfestigkeit zu verleihen. Im übertragenen Sinne ist der geistige Zustand, der *Silicea* erfordert, durch Nachgiebigkeit, Beeinflußbarkeit, Unentschlossenheit, Schwäche, Verwirrung und Ängste gekennzeichnet. Das Selbstvertrauen ist schwer beeinträchtigt, und die Angst vor Mißerfolgen steht im Vordergrund. Furcht und Nervosität vor Prüfungen, die dann doch noch gut gemeistert werden, wenn der *Silicea*-Mangel noch nicht zu lange besteht. Im fortgeschrittenen Stadium kann die Arbeit nicht mehr einwandfrei erledigt werden, und eine Einnahme ist dringend notwendig.

Reizbarkeit, Zorn, Furcht und Allem-aus-dem-Wege-Gehen sind weitere Zeichen von *Silicea*-Mangel. Es ist die Zeit der Selbstfindung und Integrität. Man hat eine gute Chance, sich auf Talente und gute Veranlagungen zu besinnen und diese mit Dankbarkeit und Demut zu leben.

Silicea wirkt langsam im Organismus, und so dauert es bei Bedarf des Mineralstoffes auch meist länger, bis sich Symptome entwickeln. Das Mittel paßt daher auch für Beschwerden, die langsam entstehen. Zu bestimmten

Zeiten des Jahres und unter bestimmten Bedingungen zeigen sich besondere Symptome. Das liegt im Wesen der lang- und tiefwirkenden Mittel. Sie vermögen die gesamte Vitalität völlig zu durchdringen, so daß sogar erbliche Störungen verhindert werden können.
Generell ist *Silicea* passend für Menschen, die in geistigen Berufen arbeiten, wie Rechtsanwälte, Programmierer, Studenten etc., und die nach ununterbrochener geistiger Anstrengung eine gewisse Konzentrationsmüdigkeit und Erschöpfung empfinden.

Bevorzugte Einnahmezeit: vormittags.

Nr. 12 – Calcium sulfuricum (Calciumsulfat)

Calcium sulfuricum ist ein hervorragendes Blutreinigungs- und Heilungsmineral. Man findet es in der Leber, wo es dabei hilft, Ausscheidungsprodukte vom Blutstrom zu entfernen. Es befindet sich außerdem im Herzen, in der Galle, der Milz, im Gehirn, in den Eierstöcken und Hoden sowie der gesamten Muskulatur.
Calcium sulfuricum hat eine reinigende Wirkung auf das ganze Körpersystem. Es befreit das Gewebe von nicht funktionellem organischem Material und veranlaßt die infiltrierten Gewebepartien, Abfallprodukte auszuscheiden. Durch diesen Vorgang verhindert *Calcium sulfuricum* den längeren Aufenthalt von schädlichen Stoffen im Körper, die Krankheiten verursachen.
Calcium sulfuricum ist immer dann einsetzbar, wenn

Verunreinigungen im Blut festgestellt wurden, die meist in Form von Abszessen, Akne, Pickeln und verschiedenen Katarrhen auftreten.
Calcium sulfuricum unterstützt die Blutgerinnung und ergänzt sich bestens mit *Kalium chloratum* nach der zweiten Entzündungsphase. Es wirkt ähnlich dem Mineralsalz *Silicea* und beschleunigt den Heilungsprozeß von eitrigen Erkrankungen wie Abszessen, Furunkeln, Bindehautentzündung, Blasen- und Nierenentzündungen, Mittelohrentzündung, Stirnhöhlenkatarrh mit eitrigen Absonderungen, eitriger Mandelentzündung und Bronchitis, chronischem Schnupfem und Husten mit eitrig-gelbgrünlichem Auswurf, Rheuma, Gicht, Magengeschwüren und Wunden, die sich lange nicht schließen. *Calcium sulfuricum* wirkt auch bestens bei Schlaflosigkeit, Gedächtnisschwäche und Schwindel sowie Unfruchtbarkeit bei Frauen. Früh genug eingenommen, kann *Calcium sulfuricum* eine Halsentzündung, wenn sie im Anfangsstadium sofort behandelt wird, verhindern oder ihre Dauer wesentlich verkürzen.
Das Mittel hat sich zudem bei der Behandlung maligner Geschwülste als nützlich erwiesen, nachdem die Geschwürsbildung bereits eingesetzt hat. Wenn *Calcium sulfuricum* früh genug eingenommen wird, kann es das Weiterwachsen maligner Geschwülste verhindern. Genaue ärztliche Abklärung ist in solchen Fällen dringend und auf jeden Fall erforderlich.
Calcium sulfuricum ist darüber hinaus nützlich bei Knochenschwund und anderen Knochenerkrankungen und schlaffer Muskulatur.

Außerdem treten bei Mangel an *Calcium sulfuricum* heftige Blutwallungen (Erröten im Gesicht) und Hitzewellen, Muskelzuckungen sowie Pulsieren durch die ganze Brust, den Kopf und manchmal durch die Glieder und Pochen im ganzen Körper auf. Auch nach Muskelanstrengungen, Überanstrengung der Sehnen und Bänder und nach Überheben können sich Beschwerden bemerkbar machen. Oft schmerzen zudem Knochen und Gelenke bei Tag und Nacht.

Die Symptome verschlechtern sich bei extremen Temperaturen, das heißt bei zu großer Wärme oder zu großer Kälte.

Anwendungsmöglichkeiten von *Calcium sulfuricum*

Calcium sulfuricum wird in der D6- oder bei sehr lange währenden eitrigen Prozessen in der D12-Potenz angewendet. Zusammen mit *Silicea* bildet es eine starke Einheit bei der Heilung von entzündlichen, eitrigen Vorgängen. *Silicea* öffnet die Abflußwege, und *Calcium sulfuricum* treibt durch Anregung des Stoffwechsels die Ausscheidung voran.
Die Einnahme von *Calcium sulfuricum* und *Silicea* kann zum Abschluß der dritten Entzündungsphase mit je 5- bis 6mal 2 Tabletten die völlige Abheilung unterstützen.
Weitere Zeichen eines Mangels an *Calcium sulfuricum* sind das Gefühl der völligen Austrocknung in der Nase, morgens Nasenbluten und Verkrustungen am Nasen-

ausgang, aufgesprungene Lippen, Geruchsverlust und Verstopfung der Nase, so daß durch den Mund geatmet werden muß. Diese Symptome und deren Ursachen können mit *Calcium sulfuricum* D12 von etwa 4mal 1 bis 2 Tabletten täglich wirksam bekämpft werden.

Antlitz-Diagnose

Bei Mangel von *Calcium sulfuricum* zeigt sich eine schmutzig aussehende, gelblich-graue Färbung im ganzen Gesicht. Pigmentflecken im fortgeschrittenen Alter und während der Schwangerschaft und das wächserne Hautbild (vor allem an den Ohren) sind weitere mögliche Zeichen dieses Mangels.

Anzeichen im Gesicht bei Mangel mehrerer Mineralsalze

Calcium fluoratum und C. sulfuricum:
Die Hautfarbe sieht gelblich-grau, wie schmutzig aus. Würfelfalten sind ebenfalls ein Zeichen dieses Mangels.

Calcium phosphoricum und C. sulfuricum:
Das Gesicht erscheint blaß, wächsern und ist von gelblich-grauer Färbung.

Ferrum phosphoricum und Calcium sulfuricum:
Es können Ferrum-Röte und dunkle Schatten auf wächsernem, gelblich-grauem Untergrund auftreten.

Kalium chloratum und Calcium sulfuricum:
Die Gesichtsfarbe ist milchig mit wächsernem Glanz auf gelblich-grauem Untergrund.

Kalium phosphoricum und Calcium sulfuricum:
Die wächsern erscheinende Hautfarbe ist gelblich-aschgrau unterlegt und sieht aus, als wäre sie schmutzig und ungewaschen.

Kalium sulfuricum und Calcium sulfuricum:
In die gelbgraue Gesichtsfarbe mischt sich ein brauner Ton unter die wächserne Oberfläche.

Magnesium phosphoricum und Calcium sulfuricum:
Über die gelbgraue, wächserne Hautoberfläche legt sich der feine Rosé-Schleier der Magnesia-Röte.

Natrium chloratum und Calcium sulfuricum:
Dieser Mangel läßt die Haut aufgeschwemmt, gedunsen und wächsern auf gelblich-grauem Grund erscheinen. Zudem kann Gelatineglanz auftreten.

Natrium phosphoricum und Calcium sulfuricum:
Mitesser und abwischbarer Fettglanz zeigen sich auf gelblich-grauem Untergrund.

Natrium sulfuricum und Calcium sulfuricum:
Die Zeichen dieses Mangels sind die entzündliche Röte über die ganze Nase bis in die obere Wangenpartie und eine gelblich-graue Haut mit grünlichem Unterton.

Silicea und Calcium sulfuricum:
Typisch sind der nicht abwischbare Glasurglanz, der das wächserne, blasse Gesicht wie poliert aussehen läßt. Die Färbung ist gelblich-grau.

Natürliche *Calcium-sulfuricum*-Ressourcen

Calcium sulfuricum ist enthalten in Erbsen, Linsen, Zwiebeln und Knoblauch, Roggen, Gerste, Weizen, allen Kohlsorten, Spinat, Kopfsalat, Zitrusfrüchten und Rhabarber.

Wirkungweise von *Calcium sulfuricum* im geistig-seelischen Bereich

Calcium sulfuricum ist in seiner Darstellung und Wirkung dem *Silicea* sehr ähnlich.
Es handelt sich in erster Linie um ein Ausscheidungsmittel, das veraltete, aber noch immer in störender Weise anhängende Krankheiten eliminieren will. Als Ausdruck im geistig-seelischen Bereich sollten alte negative und längst erkannte Schwächen aus dem Leben geräumt werden. Widerspruchsvolle Stimmungen, Launenhaftigkeit, geistige Ermüdung, Hysterie, Traurigkeit und andererseits übertriebene Ausgelassenheit, ständige Unzufriedenheit, Vergeßlichkeit, Todesfurcht und Verwirrung nach geistiger Anstrengung sind nur einige der Symptome, die aus den alten unerledigten Umständen resultieren und die nach einer Lösung suchen.

Bei diesen Vorgängen kann *Calcium sulfuricum* unterstützend wirken und zu einer positiven Einstellung verhelfen.

Bevorzugte Einnahmezeit: vormittags.

Die Mineralsalz-Kombinationen

Viele Jahre klinischer Erfahrung haben dazu geführt, die beschriebenen Mineralsalze miteinander sinnvoll zu kombinieren, um bestimmte Beschwerden und Erkrankungen zu therapieren.
Um die Wahl der Mineralsalze zu erleichtern, wurden für relativ häufig vorkommende Krankheiten, die Sie anschließend aufgeführt finden, mehrere Mittel zusammengestellt, die Sie hier direkt ersehen können. Leider gibt es noch keine fertigen Kombinationen zu kaufen.

Hinweis: Zur besseren Orientierung sind die Mittel in alphabetischer Reihenfolge zusammengestellt worden.

Kombination A

Ferrum phosphoricum und *Kalium phosphoricum* und *Magnesium phosphoricum:*
Neuralgien, Nervenentzündungen, Ischias und ähnliche Beschwerden.

Kombination B

Calcium phosphoricum und *Kalium phosphoricum* und *Ferrum phosphoricum:*

Allgemeine Schwäche nach Krankheiten, Erschöpfung durch Überarbeitung und Streß, Rekonvaleszenz, Schwindel.

Kombination C

Magnesium phosphoricum und *Natrium phosphoricum* und *N. sulfuricum* und *Silicea:*
Übersäuerung und Verschleimung des Körpers, Darmpilze und gestörter Magen-Darm-Bereich, Gicht.

Kombination D

Kalium chloratum und *Kalium sulfuricum* und *Calcium sulfuricum* und *Silicea:*
Bei Hautleiden und -verletzungen, Kopfhauterkrankungen wie Ekzemen und Schuppen, Akne, chronischen Hautaffektionen.

Kombination E

Calcium phosphoricum und *Magnesium phosphoricum* und *Natrium phosphoricum* und *N. sulfuricum:*
Bei Blähungen, Verdauungsstörungen und damit zusammenhängenden Beschwerden, Koliken, Appetitlosigkeit.

Kombination F

Kalium phosphoricum und *Magnesium phosphoricum* und *Natrium chloratum* und *Silicea:*

Bei nervösen Kopfschmerzen, Aggressionen, Schlafstörungen, Depressionen, Migräne und allen Zuständen, die von nervöser Erschöpfung herrühren, Neuralgien, Nervenentzündungen.

Kombination G

Calcium fluoratum und *C. phosphoricum* und *Kalium phosphoricum* und *Natrium chloratum:*
Bei Erlahmung, Überdehnung und Verhärtung von Geweben und Bändern wie Blasen- und Gebärmuttersenkungen, Hämorrhoiden, Versteifung von Gelenken, Rückenschmerzen, Bandscheibenschäden, Lumbago, Verlust der Elastizität der Haut und dadurch entstandene Falten und Schwangerschaftsstreifen *(Striae)*, Vergeßlichkeit, Gedächtnis- und Konzentrationsschwäche; zur gesunden Verheilung von Knochenbrüchen und -verletzungen.

Kombination H

Magnesium phosphoricum und *Natrium chloratum* und *Silicea:*
Bei Heuschnupfen und allergischen Reaktionen aller Art.

Kombination I

Ferrum phosphoricum und *Kalium sulfuricum* und *Magnesium phosphoricum:*

Bei Muskelschmerzen, Verspannungen, Fibrositis, steifem Nacken durch Zugluft oder Erkältung.

Kombination J

Ferrum phosphoricum und *Kalium chloratum* und *Natrium chloratum:*
Bei Husten, Erkältungen, Grippe, Katarrhen, belegten Bronchien, Herpes simplex. Kombination J ist ideal für die Winterzeit und zur Prophylaxe geeignet.

Kombination K

Kalium sulfuricum und *Natrium chloratum* und *Silicea:*
Bei brüchigen Nägeln und Haaren, Haarausfall, aufgesprungenen Lippen.

Kombination L

Calcium fluoratum und *Ferrum phosphoricum* und *Natrium chloratum:*
Bei Überdehnung (Elastizitätsverlust) von Venen und Arterien sowie daraus resultierenden Beschwerden wie Krampfadern und Besenreisern.

Kombination M

Natrium phosphoricum und *N. sulfuricum* und *Kalium chloratum* und *Calcium phosphoricum:*
Bei rheumatischen Erkrankungen, Gicht.

Kombination N

Calcium phosphoricum und *Kalium chloratum* und *K. phosphoricum* und *Magnesium phosphoricum:*
Bei Menstruationsschmerzen und -krämpfen und allen damit verbundenen Beschwerden.

Kombination O

Calcium fluoratum und *C. phosphoricum* und *Kalium phosphoricum* und *Magnesium phosphoricum:*
Bei Schmerzen in Füßen und Beinen durch schlechte Durchblutung, Frostbeulen, ständig kalten Händen und Füßen, nervösen Herzbeschwerden.

Kombination P

Ferrum phosphoricum und *Kalium chloratum* und *K. sulfuricum* und *Natrium chloratum:*
Bei Katarrhen, Sinusitis und allen Nebenhöhlenerkrankungen, Ohrenschmerzen, Herpes simplex.

Kombination R

Calcium fluoratum und *C. phosphoricum* und *Ferrum phosphoricum* und *Magnesium phosphoricum* und *Silicea:*
Bei Rücken- und Gelenkschmerzen, fieberhafter und schwieriger Zahnung bei Kleinkindern, zum Aufbau gesunder Zähne und Knochen sowie zur Beruhigung

während des Zahnens; stärkt Knochen, Sehnen und Bänder.
Diese Kombination, vor allem die ersten zwei genannten Mittel und *Silicea*, ist besonders wirksam bei Kindern, die körperlich nicht so richtig gedeihen wollen.

Kombination S

Kalium chloratum und *Natrium phosphoricum* und *Natrium sulfuricum:*
Bei Leberschwäche, Leber- und Gallekrankheiten, Bauchschmerzen, Übelkeit im Magen, Kopfschmerzen.
Kombination S eignet sich bestens im Sommer bei Hitze, wenn Störungen im Magen-Darm-Bereich (Durchfall) auftreten.

Die biochemischen Ergänzungsmittel

Neuere Forschungen in der Biochemie haben zu dem Ergebnis geführt, daß außer den bereits zu Lebzeiten Dr. Schüsslers bekannten zwölf Mineralstoffen noch weitere im Körper zu finden sind, jedoch in ganz geringem Maße. Aus diesem Grunde herrschen über ihre Notwendigkeit und Wirkung sehr verschiedene Meinungen. Die klassischen Anwender und Vertreter der zwölf Schüssler-Salze halten diese für ausreichend. Andere sehen in den Ergänzungsmitteln Möglichkeiten für eine feiner abstimmbare, gezieltere Therapie in bestimmten Fällen und eine weitere Unterstützung der Hauptmittel Nr. 1 bis 12.

Vor Verabreichung der Ergänzungsmittel Nr. 13 bis 24 ist allerdings eine sehr genaue Kenntnis und Überprüfung der Symptomatik sowie der Wirkungsweise der Mittel unerläßlich, da antlitzdiagnostische Merkmale für dieses Mittel bis heute nicht bekannt sind.

Aufgrund der weniger zahlreichen Forschungsergebnisse und der fehlenden Antlitz-Diagnose-Merkmale ist es ratsam, die Dosierung zunächst niedrig zu halten, wenn nur ein Ergänzungsmittel genommen werden soll. Ansonsten können diese Mittel als Ergänzung zu den Schüssler-Salzen Nr. 1 bis 12 gegeben werden.

Die Ergänzungsmittel werden in der Regel ebenfalls in den Potenzen D6 und vor allem D12 verwendet.

Nr. 13 – Kalium arsenicosum

Dieser Stoff kommt hauptsächlich in keratinhaltigen Geweben, also der Epidermis, aber auch im Gehirn, in der Leber, den Nerven, den Zeugungsorganen und der Muskulatur vor. Er hat Einfluß auf die biochemischen Vorgänge beim Austausch von Sauerstoff.

Kalium arsenicosum steht in engem Zusammenhang mit der Haut und findet Anwendung bei schwer zu heilenden Hautkrankheiten, die mit heftigem Juckreiz verbunden sind und seit langem bestehen. Es kann eingesetzt werden bei Schwächezuständen aus nervlicher sowie körperlicher Ursache, Lähmungen und Krämpfen, bei wäßrigen Durchfällen, Bleichsucht und Abmagerung.

Nr. 14 – Kalium bromatum

Kalium bromatum kann eingesetzt werden bei Schleimhautreizungen, Schilddrüsenüberfunktion, nervösen Sehstörungen und Zuckungen, manisch-depressiven Zuständen, Krupphusten, Asthma bronchiale, Impotenz, Gehirnreizung, als Beruhigungsmittel bei Erregungs-, Angst- und Verwirrungszuständen, Schlafstörungen, Gastroenteritis, Unterleibszysten bei Frauen, Akne, Ekzemen, Seborrhöe und Psoriasis. Es wirkt in erster Linie auf Nervensystem, Genitalorgane, Haut und Schleimhäute.

Eine Verschlimmerung des Zustands tritt durch Wärme ein, eine Verbesserung durch Bewegung und Tätigkeit.

Nr. 15 – Kalium jodatum

Kalium jodatum findet man in fast allen Zellen des Körpers, vor allem in der Leber, der Milz, dem Magen, den Lymphdrüsen und Nieren, der Haut, den Haaren und Nägeln und in der Schilddrüse, die bei Störungen zusammen mit *Kalium bromatum* erfolgreich damit behandelt werden kann. *Kalium jodatum* wirkt erhöhtem Blutdruck entgegen, regt Appetit und Verdauung an und fördert Herz- und Gehirntätigkeit. Es beeinflußt die Blutbeschaffenheit und hat deshalb eine heilende Wirkung auf entzündliche Vorgänge mit dicken, grünen, katarrhalischen Absonderungen aus den Bronchien, der Nase, den Augen und Ohren, der Gebärmutter und aus Geschwüren, die manchmal sehr übelriechend sein können. Bei Konjunktivitis und ständigem Schnupfen mit Stirnhöhlenbeteiligung, chronischer Bronchitis, Asthma bronchiale, Rheuma und Gicht kann *Kalium jodatum* in einer höheren Potenz (zum Beispiel D30) zur Heilung beitragen.
Das Mittel wirkt auf das Nervensystem, die Schleimhäute (besonders der oberen Luftwege), Gefäße, Bindegewebe der Muskulatur und Gelenke, Knochen, Lymph-, Brust- und Schilddrüsen und auf die Prostata.

Patienten, die dieses Mittel brauchen, sind meist mürrisch, reizbar und weinerlich. Ihr Zustand verschlechtert sich im geschlossenen Raum und verbessert sich bei Bewegung in frischer Luft und durch warme Getränke bei gleichzeitiger Lust auf kalte Speisen und Getränke.

Nr. 16 – Lithium chloratum

Dieses Mittel wird eingesetzt bei schmerzhafter Schwellung und Versteifung der Gelenke bei Rheuma und Gicht; es ist hier besonders wirksam. Weitere Anwendungsgebiete sind Abmagerung, allgemeine Erschöpfung und Entzündungen der ableitenden Harnwege. Es kann ergänzend eingesetzt werden bei Gewebenekrosen sowie bei manisch-depressiven Zuständen.

Nr. 17 – Manganum sulfuricum

Das Mittel wird mit gutem Erfolg abwechselnd mit *Ferrum phosphoricum* bei Blutarmut und Blutungen, Bleichsucht, Kreislaufstörungen, Ermüdungszuständen, Zahnschmerzen und bei wandernden rheumatischen Schmerzen, chronischen Katarrhen der oberen Luftwege bei Sängern und Schauspielern mit ständigem Hustenreiz und Räusperzwang empfohlen.

Nr. 18 – Calcium sulfuratum

Calcium sulfuratum (Schwefelleber, nicht zu verwechseln mit *Calcium sulfuricum*, Nr. 12) ist noch wenig erforscht. Als mögliche Anwendungsgebiete werden Erschöpfungszustände mit Gewichtsverlust trotz Heißhunger genannt.

Nr. 19 – Cuprum arsenicosum

Dieses Mittel hat sich bewährt bei Epilepsie, Neuralgien, Atemnot, Zyanose, Ischias, Magen-Darm-Koliken, krampfartigen Hustenanfällen mit Erbrechen, Bewußtlosigkeit und Muskelkrämpfen. Bei mangelnder Nierentätigkeit und daraus resultierenden Wasseransammlungen im Gewebe kann es abwechselnd mit *Natrium sulfuricum* (Nr. 10) gegeben werden. Bei Neuralgien, Muskelkrämpfen und Ischias, der in die Hüfte ausstrahlt, sind gleichzeitige Einreibungen mit *Kalium-phosphoricum-* oder *Magnesium-phosphoricum-*Salbe und darüber eine gut warme Kompresse sehr wirksam (siehe auch »Äußere Anwendungen« Seite 149).

Eine Verschlimmerung erfolgt durch Berührung, Schreck und Hitze, vor der Menstruation und nachts.

Nr. 20 – Kalium aluminium sulfuricum

Es wird verabreicht bei Irritationen des Nervensystems, Schwindelgefühl und Koliken im Darmbereich.

Nr. 21 – Zincum chloratum

Zincum chloratum ist ein wichtiger Bestandteil der Zellen und vieler Körperflüssigkeiten und hat großen Anteil am Wachstum und an Stoffwechselvorgängen. Es wirkt vor allem auf Gehirn und Rückenmark. Es wird eingesetzt bei nervösen Magen- und Schlafstörungen und Hirnreizungszuständen, Nervenkrankheiten, Ischias, Engegefühl in der Brust, Unruhe in den Beinen (vor allem nachts), krampfartigen Beschwerden und Diabetes. Häufige Anzeichen für den Bedarf von *Zincum chloratum* sind unter anderem Verdickung und Entzündung der Augenlider, prämenstruelle Hysterie und Unterleibsschmerzen sowie Unruhe in den Füßen, wenn sich ihr Zustand bei Bewegung verbessert.

Nr. 22 – Calcium carbonicum

Calcium carbonicum ist ein wichtiges Mittel für Kinder. Es wirkt beruhigend auf das vegetative Nervensystem und bei körperlicher Erschöpfung. Kinder mit diesem Mangel vertragen keine Milch, sind schlaff, kränklich, bleich, haben magere Glieder und einen dünnen Hals, aber meistens einen dicken Bauch und häufig geschwollene Drüsen. Sie leiden unter Wachstumsstörungen.
Calcium carbonicum wirkt heilend bei Milchschorf, nässenden Ekzemen, Augen- und Ohrenentzündungen, Drüsenaffektionen, Darmstörungen und bei Wurmbefall.
Natürlich ist dieses Mittel auch anwendbar bei Erwachsenen mit den oben geschilderten Symptomen und außerdem bei Überarbeitung, rascher Ermüdung, chronischen Katarrhen der Luftwege, Atemnot nach Anstrengung, nervösen, stechenden Kopfschmerzen und Erbrechen (Migräne).

Der Zustand verschlechtert sich bei jeder Anstrengung, durch Kälte, Nässe und Essen und verbessert sich durch Wärme und im Freien.

Nr. 23 – Natrium bicarbonicum

Natron fördert u. a. die Ausscheidung von Harnsäure. Wenn davon zuviel im Blut und in den Körpergeweben ist, begünstigt es Gicht und rheumatische Gelenkerkrankungen. Bei diesen Erkrankungen ist *Natrium bicarbonicum* ein wirksames Ergänzungsmittel in Abwechslung mit *Natrium phosphoricum, N. chloratum* und *N. sulfuricum.*
Natrium bicarbonicum aktiviert zudem den Stoffwechsel und die Entschlackung sowie die Tätigkeit der Bauchspeicheldrüse.

Nr. 24 – Arsenum jodatum

Dieses Mittel wirkt hauptsächlich auf die serösen Häute der Lymphdrüsen und der Lunge. Es ist vorwiegend das Mittel bei Lungentuberkulose und Darmerkrankungen, die mit großer Ermattung, Abmagerung und Auszehrung einhergehen, aber auch bei Bronchialasthma, Hautaffektionen wie Akne, nässenden Ekzemen, Heuschnupfen, Zahnfleischbluten, geschwächter Sehkraft, schmerzhaften Schwellungen, Sodbrennen, Schluckauf, Taubheitsgefühl an Händen und Füßen, geschwollenen

Drüsen (vor allem der Schilddrüse), Gicht und Rheuma, Hitzewallungen, Schmerzen in den weiblichen Organen und Genitalien, Nachtschweiß, äußeren Hämorrhoiden, kalten schweißigen Händen, häufigem Urindrang, Inkontinenz und Lärmempfindlichkeit. Die Einnahme ab einer D6-Potenz kann nach den unter »Einnahme- und Dosierungsempfehlungen« (Seite 23) aufgeführten Regeln erfolgen, jedoch sollte die Dosierung bei niedrigeren Potenzen (D2, D3, D4) um einiges geringer sein. Die Abklärung mit einem Arzt ist anzuraten.

Die obengenannten Symptome verschlechtern sich gegen Mitternacht und während der Menstruation, durch geistige Anstrengung, bei kaltem Wind und Wetter und nach körperlicher Anstrengung. Durch Wärme tritt Besserung ein.

Biochemische Salben und ihre Anwendungsgebiete

Die Anwendung der Salben kann großzügig gehandhabt werden. Beim Auftreten von akuten Erkrankungen oder Verletzungen kann das Auftragen der Salben 1- bis 2stündlich, bei chronischen Zuständen 3- bis 4mal täglich erfolgen. Es können bei lange bestehenden Beschwerden auch Salbenverbände über einige Stunden oder über Nacht aufgelegt werden. Dazu trägt man die Salbe etwa messerrückendick auf, legt ein Stofftüchlein darüber und fertigt einen lockeren Verband mit einer elastischen Binde.

Bei nässenden Hautekzemen oder Geschwüren können der Salbe einige pulverisierte Tabletten des gleichen Mineralstoffs beigegeben werden. Es muß im Einzelfall ausprobiert werden, ob die Heilung mit einer solchen Behandlung fortschreitet oder ob die Fettbasis in der Salbe in diesem bestimmten Fall nicht geeignet ist. Man kann dann die pulverisierten Tabletten mit etwas abgekochtem Wasser zu einer Paste anrühren und diese auf die betroffenen Hautpartien auftragen. Zur Förderung des Heilprozesses sollten die entsprechenden Mineralsalze gleichzeitig zur Salbenbehandlung eingenommen werden.

Nr. 1 – Calcium-fluoratum-Salbe

Bei Unterschenkelgeschwüren, verhornenden Ekzemen der Hohlhand, Hautschrunden, Hühneraugen, Narbenwülsten, eiternden Fisteln, Nagelfalzeiterungen, Hämorrhoiden und Krampfadern.
Die regelmäßige Einnahme von *Calcium fluoratum* und Einreibung der Bauchdecke während der Schwangerschaft fördert die Elastizität der Haut und verhindert das Entstehen von Striae (Schwangerschaftsstreifen). Bei Verhornungen der Haut an Füßen und Händen wird diese wieder weich und glatt durch regelmäßige Einreibungen mit *Calcium-fluoratum*-Salbe. Bei Narben von Operationen oder Unfällen, Krampfadern und Hämorrhoiden können gute Ergebnisse erzielt werden mit Salbenverbänden, die über Nacht aufgelegt werden. Auf Krampfadern und Hämorrhoiden darf die Salbe nicht massiert, sondern nur aufgetragen werden, da sonst Thrombosegefahr droht. Die Behandlung dieser Beschwerden muß über Monate oder vielleicht sogar Jahre erfolgen.

Nr. 2 – Calcium-phosphoricum-Salbe

Bei Gelenkergüssen, Schleimbeutelentzündungen, Knochenhautreizungen, Lymphdrüsenschwellungen, Genickschmerzen, Rücken- und Kreuzschmerzen, eitrigen Hautausschlägen.
Außerdem bei Knochenschmerzen nach Frakturen oder Wachstumsschmerzen bei Kindern, Muskelkrämpfen

und eitrigen Hautausschlägen kann die Salbe mehrmals täglich einmassiert werden.

Nr. 3 – Ferrum-phosphoricum-Salbe

Bei frischen Wunden, Weichteilverletzungen, Knochenbrüchen, Quetschungen und Verstauchungen, juckenden, nesselsuchtartigen Hautausschlägen, entzündlichen Vorgängen mit Blutandrang und Schmerzen.
Ferrum-phosphoricum-Salbe ist das Erste-Hilfe-Mittel bei frischen Verletzungen wie Verstauchungen, Prellungen, Quetschungen und steifem Nacken von Zugluft. Bei geröteten Entzündungen mit Schwellung, Wundsein bei Säuglingen, Schmerzen im Schulter-, Brust- und Magenbereich ist eine Massage mit dieser Salbe heilsam. Frische Schürf-, Kratz- und Schnittwunden können zunächst besser mit pulverisierten *Ferrum-phosphoricum*-Tabletten bestreut und – wenn sie sich geschlossen haben – mit der Salbe nachbehandelt werden.

Nr. 4 – Kalium-chloratum-Salbe

Herpesartige Ausschläge mit entzündeten Bläschen, trockene Hautkrankheiten mit Schuppen, Hühneraugen, Warzen, Bronchialhusten.
Wie die Mineralsalze zur inneren Anwendung, so ist die Salbe aus *Kalium chloratum* für die zweite Heilstufe geeignet. Dies trifft bei Unfällen und Verletzungen zu, bei denen zunächst *Ferrum phosphoricum* zum Einsatz

kommt. Danach wird *Kalium-chloratum*-Salbe zum Abheilen benützt.
Herpes simplex, meist an den Lippen auftretend, kann man mit halbstündlichen Gaben von *Ferrum phosphoricum* und *Kalium chloratum* im Wechsel rasch zum Abklingen bringen. Es kann dazu die *Ferrum-phosphoricum*- oder *Kalium-chloratum*-Salbe aufgetragen werden.
Kalium-chloratum-Salbe kann bei Insektenstichen, Warzen, Schuppenflechte, Gesichtsschwellungen durch Zahnbeschwerden, Drüsenschwellungen bei Mumps und Tennisarm (letzterem mit Salbenverband) angewendet werden. Bei zähem Husten, der in den Bronchien sitzt, können zusätzlich zu den Einnahmen von Mineralsalzen der Rücken und die Brust mit dieser Salbe eingerieben werden.

Nr. 5 – Kalium-phosphoricum-Salbe

Die Salbe kann eingesetzt werden bei Nervenschmerzen aller Art, Muskelschwäche und Muskelschwund, Lähmungserscheinungen nach Diphtherie, Kinderlähmung, Schlaganfall, beginnendem Wundbrand, Flechten und nesselsuchtartigen Hautausschlägen, kreisrundem Haarausfall und Allergien.
Bei nervlicher Abgeschlagenheit, Gereiztheit und nervösem Hautjucken sowie nach körperlicher Überanstrengung kann diese Salbe als Massagemittel wirksam sein.
Nach einem Schlaganfall können die betroffenen Kör-

perteile erfolgreich nachbehandelt werden, indem man täglich einige Einreibungen vornimmt.

Nr. 6 – Kalium-sulfuricum-Salbe

Bei knötchenartigen Hautausschlägen, eitrigen Bläschenausschlägen, Hautjucken, trockener harter und brennender Haut, Lidrandentzündungen, rheumaartigen Glieder-, Nacken- und Rückenschmerzen.
Diese Salbe beschleunigt die Heilung von langanhaltenden Hautaffektionen, aber auch Neurodermitis, Psoriasis, Ekzeme und chronisch entzündete Augenlider können – bei gleichzeitiger Einnahme der entsprechenden Mineralsalze – durch häufige (stündliche bis zweistündliche) Einreibungen gelindert beziehungsweise geheilt werden.

Nr. 7 – Magnesium-phosphoricum-Salbe

Bei Hautjucken im Alter, Schuppenflechte als Zusatztherapie, krampfartigen, bohrenden oder stechenden Nervenschmerzen.
Magnesium-phosphoricum-Salbe eignet sich in erster Linie zur Entkrampfung von Nerven und Muskeln und als Zusatztherapie bei Schuppenflechte. Man erzielt besonders gute Ergebnisse mit Einreibungen bei Kopfschmerzen und Migräne (an Stirn, Schläfen und Nacken), bei kolikartigen Schmerzen im Magen- und Darmbereich, neuralgischen Schmerzen im Schulter- und Nierenbereich. Auch Hautjucken, das durch nervliche Überlastung auftritt, kann mit dieser Salbe wirksam behandelt werden.

Nr. 8 – Natrium-chloratum- (auch: Natrium-muriaticum-)Salbe

Bei Gürtelrose, Lippenbläschen, Akne und Mitessern, Hautpilzerkrankungen mit weißen Schuppen, Afterfissuren, Folgen von Insektenstichen, Wundsein bei Kleinkindern. Letzteres kann sehr gut mit dieser Salbe behandelt werden, indem man sie messerrückendick aufträgt und mit einem kleinen Tuch abdeckt.
Bei trockener Haut ist diese Salbe ein gutes Kosmetikum für die Nacht.

Nr. 9 – Natrium-phosphoricum-Salbe

Bei Furunkulose im Stadium der Eiterbildung, Milchschorf, Wundrose, bläschen- und pustelförmigen Hautausschlägen mit gelbem Inhalt, beginnenden Brustdrüsenentzündungen.
Natrium-phosphoricum-Salbe gleicht den Säure-Basen-Haushalt der Haut aus und entschlackt. Sie kann erfolgreich als Nachtcreme eingesetzt werden bei Akne, fettiger Haut mit großen Poren und Mitessern. Man nimmt dazu wenig Salbe und massiert sie gut ein.

Nr. 10 – Natrium-sulfuricum-Salbe

Bei Hautpilzerkrankungen, eitrigen Hautausschlägen mit Bläschen, periodisch auftretenden Hautleiden, Hautschwellungen, Frostbeulen, Nervenschmerzen sowie Schmerzen im Leber-Galle-Bereich.

Nr. 11 – Silicea-Salbe

Bei nässenden Ekzemen an Händen und Füßen, zu starkem Fußschweiß, Fußpilz, schlecht heilenden Wunden, Furunkeln und Geschwüren im Abheilungsprozeß, Nagelfalzeiterungen und -entzündungen, Schwielen und Hühneraugen; die Salbe reinigt und stärkt das Bindegewebe.
Silicea-Salbe ist ein hervorragendes Kosmetikum bei schlaffer Haut und frühzeitiger Faltenbildung (Krähenfüße) und kann wie eine Nachtcreme verwendet werden. Bei großen Poren und unreiner Haut kann sie abwechselnd mit *Natrium-phosphoricum*-Salbe eingesetzt werden.

Nr. 12 – Calcium-sulfuricum-Salbe

Bei brennenden Beinen und Füßen, Stirn- und Nebenhöhlenbeschwerden (Stirn, Nase und Nasenumgebung einreiben), brennenden und juckenden Hauterkrankungen wie Fisteln, Abszessen und Furunkeln im Abheilstadium; die Salbe reinigt das Bindegewebe und regt den Hautstoffwechsel an.

Anmerkung: Es fördert und begünstigt die Abheilung ganz besonders, wenn zu den angewendeten Salben das entsprechende Mineralsalz eingenommen wird.
Wer sich in der *Fußreflexzonen-Therapie* auskennt, kann in den biochemischen Salben eine wunderbare

Heilunterstützung finden. Je nach Beschwerde kann bei dieser Heilmethode die entsprechende Salbe zum Einsatz kommen.

Äußere Anwendungen – Kompressen, Wickel, Bäder, Waschungen

Es können mit den Mineralsalzen und den entsprechenden Salben wohltuende und die Heilung unterstützende äußere Anwendungen zubereitet werden, je nachdem, welche Art von Beschwerden vorliegt.

Kompressen, Wickel und Umschläge

Sie sind ein hilfreiches Mittel bei Schmerzen und Fieber und verhelfen dem Kranken zu mehr Wohlbefinden. Er kann sich leicht entspannen und fühlt sich zudem gut umsorgt. Wickel und Kompressen sind leicht anzuwenden und können auf fast jedem Körperbereich angelegt werden.

Wadenwickel sind von jeher ein bewährtes Hausmittel bei hohem Fieber und sind noch effektiver, wenn sie mit den Mineralsalzen angewendet werden. Benötigt werden zwei Tücher in der Große eines Geschirrtuchs und ein großes Badefrotteetuch. Wenn die Wickel an den Beinen angelegt sind, sollte unbedingt darauf geachtet werden, daß die Füße immer warm bleiben.

Man löst etwa 20 Tabletten des den Beschwerden entsprechenden Mineralsalzes in einem halben Liter warmem Wasser auf, taucht ein Tuch hinein, wringt es aus und legt es gefaltet oder als Wickel oder Umschlag um die schmerzende Stelle. Bei Schmerzen, die von einem

Organ ausgehen, können warme bis heiße Kompressen – je nachdem, wie gut sie vertragen werden – aufgelegt und mit einem trockenen Handtuch und dann mit einer Wolldecke abgedeckt werden. Nach Abkühlung kann dieser Vorgang beliebig oft wiederholt werden. Der schmerzende Körperbereich kann vorher mit der entsprechenden biochemischen Salbe eingerieben werden, um die Wirkung zu verstärken. Beispielsweise bei Ischias, der häufig in den ganzen Hüftbereich ausstrahlt, ist diese Behandlung eine große Linderung.
Bei Augenlidentzündungen, Verstauchungen, Prellungen, Schwellungen an Gelenken und durch Verletzung, Sonnenbrand und Insektenstichen sollte das Wasser für die Kompressen kühler, jedoch nicht zu kalt sein.

Eine besonders wirksame Behandlung bei diesen Beschwerden sind *Umschläge mit Quark*. Je nach Größe des zu behandelnden Körperbereiches nimmt man 100 bis 200 Gramm Speisequark und mischt ihm etwa 10 bis 20 pulverisierte Tabletten des entsprechenden Mineralsalzes bei. Für eine verstärkte Wirkung kann vor der Packung die entsprechende Mineralsalz-Salbe aufgetragen werden. Man trägt dann die Quarkmasse in einer dicken Schicht (ca. 2 Zentimeter) auf. Die Packung wird mit Plastikfolie und einem Handtuch abgedeckt. Die kühlende Wirkung des Quarks ist sehr wohltuend, und die darin enthaltenen Eiweißstoffe und die Mineralsalze bauen die Haut, etwa bei Sonnenbrand oder Verbrennungen, wieder auf. Die Packung kann einige Stunden oder über Nacht auf dem Körper bleiben.

Auch bei Bronchitis und damit hartnäckig anhaltendem Husten hat sich diese Art der Behandlung sehr bewährt. Der Quark zieht Stoffwechselgifte aus dem Körper. Für Brustwickel wird der Quark im Wasserbad etwas angewärmt.
Bei Unwohlsein und Schmerzen im Galle-Leber-Bereich sind die Einreibung mit *Natrium-sulfuricum-*, *Natrium-phosphoricum-* oder *Magnesium-phosphoricum-*Salbe und das Auflegen einer heißen Kompresse, die mit einem dieser aufgelösten Mineralsalze getränkt wurde, eine rasche und heilsame Linderung.

Gesichtskompressen sind eine angenehme und lindernde Behandlung bei Gesichtsrosen, Zahnbeschwerden mit Schwellung, Sonnenbrand, Hautausschlägen und Erkältungskrankheiten der Nase und Nebenhöhlen.
Bei Sonnenbrand (siehe auch oben »Umschläge mit Quark«) und Hautausschlägen kann man etwa 15 bis 20 Tabletten *Ferrum phosphoricum* pulverisieren und mit abgekochtem und abgekühltem Wasser zu einer dünnen Paste anrühren. Man gibt zur schnelleren Beruhigung und Heilung 3 bis 5 Tropfen reines ätherisches Lavendelöl hinzu, trägt dies auf die erkrankten Hautpartien auf und läßt es 20 Minuten einwirken. Dabei ist es von Vorteil, das Gesicht mit einem feuchten Tuch oder einer dünnen Plastikfolie abzudecken, damit die aufgetragene Paste nicht eintrocknet. Die Haut wird sich nicht schälen und bald heilen. Diese Art der Behandlung ist auch bei Akne äußerst wirksam. Angewendet wird sie dann,

nachdem nach einem Dampfbad die reifen Pusteln ausgedrückt wurden.
Nach einer solchen Behandlung sollte *Ferrum-phosphoricum-* oder *Silicea*-Salbe aufgetragen werden. Diese Salben können auch bis zur völligen Abheilung täglich 2- bis 3mal zur Anwendung kommen.

Eine wundervolle kosmetische Behandlung zur Verjüngung der Haut bei Faltenbildung und zur Verbesserung des Hautbildes bei großen Poren, Mitessern, zu fetter Haut und Pickeln bietet die Anwendung von *Silicea.* Mit 15 bis 20 pulverisierten Tabletten und fettarmem Naturjoghurt wird eine dünne Paste hergestellt, der man 2 Tropfen ätherisches Sandelholzöl beimischt. Die Paste wird mit einem Pinsel auf Gesicht und Hals aufgetragen und mit einem feuchten Tuch oder dünner Plastikfolie und einem kleinen Tuch abgedeckt. Die Einwirkungszeit sollte ca. 15 Minuten lang sein. Danach kühl abwaschen und abtupfen, mit *Silicea*-Salbe einreiben und diese für eine längere Zeit als Nachtcreme benützen. Zur Abwechslung kann die Paste auch mit *Kalium-phosphoricum*-Tabletten angerührt werden, was ebenfalls sehr wirksam gegen Faltenbildung ist.
Für die sehr trockene Haut ist diese Gesichtspackung ebenso geeignet. Man nimmt jedoch statt Quark Joghurt mit einem hohen Fettanteil und *Natrium-chloratum-* oder *Calcium-phosphoricum-* und *Silicea*-Tabletten.

Bei Erkältungskrankheiten mit stark verschnupfter Nase und Kopfschmerzen pulverisiert man 10 bis 15 Tabletten des entsprechenden Mineralsalzes (siehe »Symptome von A bis Z« unter »Erkältungskrankheiten« oder »Schnupfen«) und rührt mit abgekochtem und abgekühltem Wasser eine dünne Paste an, der man einen Tropfen ätherisches Eukalyptusöl beimischt. Diese Paste wird über Stirn, Schläfen und Nasensattel, bei gleichzeitigem Husten auch auf die Brust aufgetragen, mit einem feuchten Tuch oder dünner Plastikfolie und darüber einem kleinen Gästetuch abgedeckt. Die Packung sollte etwa 10 Minuten einwirken oder bis sie sich kalt anfühlt. Sobald die Kompresse entfernt wird, ist das leichte Einreiben der entsprechenden biochemischen Salbe (meist *Silicea*) eine weitere Unterstützung des Heilungsprozesses.

Diese Art der Kompresse ist auch bei Bronchitis oder langanhaltendem Husten eine große Wohltat, und die Verschleimung beginnt rasch sich zu lösen.

Die Kompresse wird entweder auf die Brust aufgetragen oder man legt einen feuchten Wickel um Brust und Rücken. Einwirkungszeit ist etwa eine halbe Stunde oder so lange, bis der Umschlag als zu kühl empfunden wird. Man kann diesen Vorgang nach ein paar Stunden wiederholen.

Zur Wundbehandlung bei frischen Verletzungen ist eine Paste aus *Ferrum-phosphoricum*-Tabletten, wie oben beschrieben hergestellt, ein hervorragendes Heilungsmittel. Die Paste wird auf die Wunde aufgestrichen und mit dünner Plastikfolie abgedeckt. Nach einigen Stunden wird die Kompresse abgenommen und neu angelegt.

Beginnt die Wunde zu heilen, läßt man die Abdeckung weg, damit sie zu trocknen beginnen kann. Wenn Narbenbildung zu erwarten ist, kann mit *Calcium-fluoratum*-Salbe eine Verflachung derselben erreicht werden. Die Salbe sollte aber erst auf die bereits geschlossene Wunde aufgetragen werden.

Bei Bauchschmerzen, die vom Magen-Darm-Bereich herrühren, ist ein heißer Wickel ein bewährtes Hausmittel. Die Wirkung kann verbessert und verstärkt werden durch die Einnahme und äußere Anwendung von *Magnesium phosphoricum* (»heiße Sieben«, siehe Seite 41) wie oben beschrieben. Bei Durchfall mit kolikartigen Schmerzen ist *Kalium phosphoricum* oder *Natrium phosphoricum* anzuwenden.

Bäder und Waschungen

Vollbäder mit dem Zusatz von Mineralstoffen können zu verschiedenen Therapien eingesetzt werden.

Kühle Bäder

Mit dem Zusatz von etwa 3 Eßlöffeln Glaubersalz (in der Apotheke erhältlich) und etwa je 30 Tabletten *Natrium chloratum* und *Kalium chloratum* hat man ein richtiges Entschlackungsbad hergestellt. Die Temperatur sollte zunächst 37 °Celsius betragen und durch Zulauf von kaltem Wasser auf etwa 35 °Celsius gebracht werden. Dieses Bad ist ganz besonders geeignet bei nervösen

Herz- und Kreislaufstörungen, Nervosität, schwachem Immunsystem und bei den meisten Hautkrankheiten wie Neurodermitis, Psoriasis, Ekzemen, Akne und allergischen Hautausschlägen. Es kann jedoch auch bei hohem Fieber, um dieses zu senken, bei Kindern und Erwachsenen angewendet werden. Die Badezeit beträgt ca. 5 bis 10 Minuten. Danach sollte man sich in einen Frotteemantel hüllen und sofort das Bett aufsuchen.

Heiße Bäder

Vollbäder mit höherer Temperatur als 37 °Celsius eignen sich ebenfalls hervorragend zur Entschlackung und zur Anregung des Stoffwechsels. Allerdings ist hier Vorsicht geboten, wenn Herz- oder Kreislauferkrankungen (zu hoher Blutdruck!) vorliegen. Die Überhitzung ist in solchen Fällen ungeeignet.

Im Falle von Erkältungskrankheiten, Grippe und Infektionen, Schmerzen in den Knochen oder Muskeln, Rheumaschmerzen, Arthritis und Arthrosen können die Bäder bis auf 42 °Celsius allmählich erwärmt werden. Man bereitet sich ein Bad mit ca. 37 °Celsius vor und läßt heißes Wasser zulaufen. Dabei ist es notwendig, die Temperatur mit einem Badethermometer zu überprüfen.

Das Bad sollte ca. 15 bis 20 Minuten dauern. Dann sollte man sich in einen Frotteebademantel hüllen und sich am besten ins Bett legen. Wird stark geschwitzt, so sollte die Flüssigkeit möglichst mit frisch gepreßten Gemüse- oder Obstsäften ersetzt werden.

Neben dem anzuwendenden Glaubersalz sind auch hier die Mineralsalze *Natrium chloratum* und *Kalium chloratum* am besten geeignet. Die Dosierung erfolgt wie oben unter »Kühle Bäder« beschrieben.

Waschungen

Sie können mit denselben Mineralsalzen wie die Bäder durchgeführt werden. Man nimmt dafür jedoch nur je 15 bis 20 derselben Mineralsalz-Tabletten auf etwa 3 bis 4 Liter warmes Wasser und wäscht mit einem Lappen den Körper, an den Händen und Armen beginnend, von oben nach unten ab. Dieser Vorgang sollte nicht allzulange dauern. Nach dem Abtrocknen ist Bettruhe nötig. Die Waschungen können 6- bis 8mal am Tag wiederholt werden.

Arm- und Fußbäder

Diese Art der Behandlung ist wirkungsvoller, als man es vielleicht vermuten möchte. Die Extremitäten sind eng verknüpft mit den Stoffwechselvorgängen im Körper, die man mit Arm- oder Fußbädern günstig beeinflussen kann.
Besonders geeignet ist diese Art der Therapie bei Fieber-, Erkältungs- und Blasenkrankheiten, Kreislaufstörungen, Nervosität, Muskel- und Gelenkschmerzen.
Man verwendet dazu etwa 30 Stück der entsprechenden Mineralsalz-Tabletten auf etwa 3 bis 4 Liter Wasser. Die Unterarme sollten bis zum Ellbogen, die Füße bis zu den

Knien im Wasser sein; herkömmliche Eimer eignen sich deshalb am besten dafür. Es können dem Wasser außer den Mineralsalz-Tabletten einige Tropfen eines ätherischen Öls (Thymian, Rosmarin, Lavendel, Teebaum), das zuerst mit Milch oder Honig emulgiert werden muß, zugesetzt werden. Der Duft eines ätherischen Öls hat eine ganz besonders heilsame und positive Wirkung auf das gesamte Befinden. Im Krankheitsfall können diese Bäder 2- bis 3mal am Tag als Erfrischungs- und Entspannungsanwendung je nach Lust und Zeit wiederholt werden!

Biochemische Behandlungen für Kinder

Die Einnahme von Mineralsalzen bei Kindern ist mit keinerlei Risiken verbunden. Es ist jedoch im allgemeinen – vor allem bei Säuglingen – vorteilhaft, anhand der Symptome mit einem Arzt zu klären, um welche Art der Erkrankung es sich handelt. Danach können mit Hilfe dieses Buches die richtigen Mittel gefunden werden. Beachtet werden sollte neben den Krankheitszeichen auch die Antlitz-Diagnose, um das passende Mittel zu finden. Gerade bei Kindern gibt die Gesichtsfarbe oft eindeutige Hinweise auf bestimmte Mangelerscheinungen.

Generell gilt: Die im Kapitel »Symptome von A bis Z« angegebenen Heilmittel können ebenso für Kinder angewendet werden, dabei sollte aber die geringere Dosierung (wie auf Seite 23 beschrieben) berücksichtigt werden.

Die empfohlenen Ergänzungsmittel sind mit (E) versehen.

Symptom	Mittel
Appetitlosigkeit (zu wenig Magensaft)	*Calcium phosphoricum, Natrium chloratum*
Appetitlosigkeit (durch Nervosität)	*Kalium phosphoricum*
Erbrechen gleich nach dem Stillen	*Calcium phosphoricum, Ferrum phosphoricum, Silicea*

Symptom	Mittel
zu häufiges Verlangen nach Stillen	*Calcium phosphoricum*
zuwenig und zu unruhiger Schlaf	*Kalium phosphoricum*
schläft nachts nicht durch	*Calcium phosphoricum*
schläft nicht ein wegen Überaktivität	*Magnesium phosphoricum (»heiße Sieben«) oder:*
vor dem Schlafengehen	*Kalium phosphoricum*
weinerlich und reizbar; bei Kindern,	*Calcium phosphoricum*
die blaß und unterernährt aussehen	*Kalium phosphoricum, Silicea*
aggressiv und überaktiv	*Magnesium phosphoricum*
	Calcium phosphoricum

Durchfall und Bauchschmerzen:

nervöse Durchfälle	*Kalium phosphoricum*
Durchfall wäßrig, schleimig, chronisch	*Natrium chloratum*
chronisch, grünlich-gelb	*Natrium sulfuricum*
chronisch, durch Übersäuerung	*Natrium phosphoricum*
chronisch, stinkend, faulig	*Kalium phosphoricum*
chronisch, mit Verstopfung wechselnd	*Natrium sulfuricum*
kolikartige Bauchschmerzen	*Magnesium phosphoricum* (»heiße Sieben« und Salbe für äußere Anwendungen)
Blähungen	*Natrium sulfuricum, Silicea*
Blähungen mit krampfartigem Bauchweh	*Magnesium phosphoricum* (»heiße Sieben«)
Wurmbefall	*Natrium phosphoricum*
Drüsenentzündung mit Schwellung	*Ferrum phosphoricum*
	Kalium chloratum
	Natrium phosphoricum

Symptom	Mittel
Bettnässen:	
bei Blasenschwäche und Erkältung	*Calcium phosphoricum*
	Natrium sulfuricum
	Ferrum phosphoricum
bei Nervosität und Angst	*Kalium phosphoricum*
	Natrium chloratum
Konzentrationsmangel und Lernstörungen bei Schulkindern	*Calcium fluoratum*
	Kalium phosphoricum
	Natrium chloratum
Fieber:	
Erkrankungen bis 38,5 °Celsius	*Ferrum phosphoricum*
Erkrankungen über 38,5 °Celsius	*Kalium phosphoricum* (siehe auch »Äußere Anwendungen«, Seite 149)
rheumatische Fieber	*Ferrum phosphoricum*

Achtung: Ursache von unerklärbarem Fieber immer ärztlich untersuchen lassen!

- **Wachstumsstörungen:**

Bei Schmerzen in Knochen und Gliedern, Knochenerweichung, Rachitis, Deformierungen, zu langsamem Verschluß der Fontanelle und zum besseren Knochenaufbau sind die beiden Calciumsalze *Calcium fluoratum* und *C. phosphoricum* eine hervorragende Unterstützung, vor allem auch bei Frühgeburten.
Bei Kindern, die insgesamt nicht so recht gedeihen wollen, die alt und grau aussehen sowie meist dünne Glied-

maßen und einen dünnen Hals haben, ist *Silicea* ein weiteres Mittel, das aufbauend wirkt. Kinder mit *Silicea*-Mangel vertragen keine Milch, neigen zu Durchfällen, Erbrechen und Blähungen und haben ein langsames körperliches Wachstum.

Symptom	Mittel
Nebenhöhlenerkrankungen:	
Entzündungen	*Ferrum phosphoricum*
Mittelohrentzündung akut	*Ferrum phosphoricum*
mit eitriger Absonderung	*Kalium chloratum*
	Calcium sulfuricum
	Silicea
Mittelohrentzündung chronisch	*Kalium chloratum*
ständig verschleimte und rotzige Nase	*Kalium chloratum*
	Calcium carbonicum (E)
Nasenbluten	*Calcium phosphoricum*
	Kalium phosphoricum
Husten und bronchiale Erkrankungen:	
Krupphusten und Asthma	*Kalium bromatum* (E)
	Calcium phosphoricum
	Magnesium phosphoricum
mit hohem Fieber	*Kalium phosphoricum*
	Natrium chloratum
Pseudokrupp	*Calcium phosphoricum*
	Kalium chloratum
	Calcium sulfuricum
Husten, krampf- und anfallartig,	*Calcium phosphoricum*

Symptom	Mittel
trocken	*Magnesium phosphoricum* (*»heiße Sieben«*)
Husten, locker, von den Bronchien	*Kalium sulfuricum*
Bronchitis mit Fieber bis 38,5 °Celsius	*Ferrum phosphoricum*
Bronchitis im zweiten Stadium mit Fieber über 38,5 °Celsius	*Kalium chloratum*

Kinderkrankheiten:

Masern, Mumps und Windpocken, Krupp-, Keuchhusten, Scharlach im ersten Entzündungsstadium, Fieber	*Ferrum phosphoricum*
Husten, Schwellungen	*Kalium chloratum*
krampfartiger Husten, Anfälle	*Magnesium phosphoricum*
Hautausschlag und Absonderungen	*Kalium sulfuricum*
nach Abklingen der Krankheit über längere Zeit zum Kräfteaufbau	*Calcium phosphoricum* und *Silicea*
Nabelbruch	*Calcium fluoratum* *Ferrum phosphoricum* *Silicea*

Hautaffektionen:

Wundliegen bei Säuglingen: starke Rötung oder blutig	*Ferrum phosphoricum* *Natrium phosphoricum*
mit Eiterbildung	*Silicea* und *Kalium phosphoricum* (jeweils Salben und Tabletten)

Symptom	Mittel
Milchschorf	*Calcium phosphoricum*
	Natrium phosphoricum
	Silicea
Neurodermitis	*Kalium chloratum*
	Natrium phosphoricum
	Calcium carbonicum (E),
	Silicea
Verbrennungen	*Natrium chloratum*
	(siehe auch »Äußere
	Anwendungen«, Seite 149)

Wie am Anfang des Kapitels erwähnt, können weitere Informationen zur Behandlung von Kindern im Kapitel »Symptome von A bis Z« ab Seite 169 gefunden werden.

Biochemische Behandlungen für Haustiere

So mancher Tierhalter wird dankbar sein für die Möglichkeit, sein Tier mit biochemischen Mitteln selbst gesund zu pflegen. Viele Beschwerden der Tiere sind den menschlichen ähnlich, und anhand von Symptomen und der Diagnose eines Tierarztes sind die passenden Mittel schnell herauszufinden.
Die Gesunderhaltung eines jungen Tieres kann anhand der Mineralsalze und einer artgerechten Ernährung mit großer Wahrscheinlichkeit und bis ins hohe Alter gewährleistet werden.
Sollten Krankheitserscheinungen nicht nach angemessener Zeit verschwinden, sollte auf jeden Fall ein Tierarzt konsultiert werden.
Wie bereits zu Beginn erwähnt, sind die biochemischen Stoffe keine Drogen oder chemische Arzneien, sondern vitale Zellnährstoffe, und ihre Wirkungsweise ist in ganzer Harmonie mit der Natur.
Die Tabletten können direkt auf die Zunge oder mit etwas warmem Wasser aufgelöst oder ins Futter gegeben werden.
Für chronische Erkrankungen gibt man drei Gaben täglich, in akuten Fällen jede halbe Stunde. Bei äußerlichen Beschwerden können auch die biochemischen Heilsalben angewendet werden.

Nr. 1 – Calcium fluoratum:
Bei Krankheiten, die Knochenhaut und Zahnschmelz angreifen, Beschwerden der Wirbelsäule, der Hüftknochen und anderen Knochen, Hämorrhoiden, harten Drüsen

Nr. 2 – Calcium phosphoricum:
Generelles Aufbaumittel, stärkt die Zähne; bei Anämie, Rachitis, Knochenbrüchen, Unterernährung, Zittern durch Körperkälte

Nr. 3 – Ferrum phosphoricum:
Bei Fieber, Schnitt-, Kratz- und Bißwunden, blutenden Wunden (bei Wunden pulverisierte Tabletten auftragen); *Ferrum phosphoricum* ist das »Erste-Hilfe-Mittel«

Nr. 4 – Kalium chloratum:
Bei Erkältungen in Nasen und Rachen (abwechselnd mit Nr. 3 geben), Erkrankungen der Atemwege und Lunge, grauen Flecken im Rachen, Obstipation (Stuhl ist sehr hell), Abszessen und Furunkeln (abwechselnd mit Nr. 12 geben), Hautekzemen (abwechselnd mit Nr. 6 und 8 geben), schwacher, angegriffener Leber

Nr. 5 – Kalium phosphoricum:
Bei allen Symptomen mit nervösem Charakter, ängstlichen, neurotischen und hysterischen Tieren, Asthma und Kurzatmigkeit

Nr. 6 – Kalium sulfuricum:
Bei Hauterkrankungen, Ekzemen (abwechselnd mit Nr. 4

und 8 geben), verletzten Pfoten mit Abschuppung der Haut, Katarrh, gelben Krusten an den Augenlidern, klebrigen Absonderungen, trockener Nase

Nr. 7 – Magnesium phosphoricum:
Bei Nervenschmerzen, Krämpfen, nervösen Zuckungen und Zittern der Beine, Magen-Darm-Kolik, Unruhe, schlechtem Schlaf

Nr. 8 – Natrium chloratum:
Bei Obstipation mit trockenem Stuhl, Nesselsucht, Insektenstichen, exzessivem Speichelfluß, Anämie (abwechselnd mit Nr. 2 geben)

Nr. 9 –Natrium phosphoricum:
Bei Übersäuerung durch falsche Ernährung, Verdauungsproblemen, Würmern, sauer riechendem Stuhl, Tiere sind leicht ärgerlich und irritiert, bei Hautirritationen mit sauren Absonderungen

Nr. 10 – Natrium sulfuricum:
Bei Leberstörungen, galligem Erbrechen von wäßriger, grünlicher Flüssigkeit, gelbem Augenweiß, Asthma, rheumatischen Symptomen

Nr. 11 – Silicea:
Bei Furunkeln, eitrigen Abszessen, nässenden Wunden, Ekzemen, Geschwüren, verletzten Pfoten; *Silicea* und *Kalium sulfuricum* (Nr. 6) sind eine hervorragende Kombination, um den Zustand des Fells zu verbessern

Nr. 12 – Calcium sulfuricum:
Bei Geschwüren im Rachenraum, nässenden und schlecht heilenden Wunden, Afterabszessen, allen eitrigen Vorgängen (wirkt ähnlich wie *Silicea)*

Symptome von A bis Z und ihre entsprechenden Heilmittel

Lang anhaltende oder heftig auftretende Symptome sollten unbedingt fachärztlich abgeklärt werden! Sie sind auf den folgenden Seiten zusätzlich mit einem * gekennzeichnet.

Die Mineralsalze sind eine hervorragende Unterstützung zu jeder ärztlichen Therapie.

Das Register enthält eine Auswahl der jeweils wichtigsten Mineralsalze zur Therapie der aufgeführten Krankheiten oder Beschwerden. Je nach der individuellen Darstellung der Krankheitszustände können auch noch andere Mittel zutreffen. Wenn mehr als drei Mittel vorgeschlagen sind, sollte die Wahl nach der passenden Symptomatik getroffen werden. Hilfreich ist dazu die »Beschreibung der zwölf Heilmittel in ihrer Funktion und Wirkung« (Seite 43) und die bei jedem Mittel dargestellte Antlitz-Diagnose. Auch unter den »biochemischen Ergänzungsmitteln« (Seite 133) können eventuell zutreffende Mineralsalze gefunden werden.

Es steht einer abwechselnden oder kombinierten Einnahme aller vorgeschlagenen Mittel nichts im Wege, vor allem bei einem allgemein schlechten Zustand. Jedoch ist eine gezielte Behandlung mit lediglich bis zu *drei* Mineralsalzen, die direkt die vorliegende Krankheit lindern oder heilen sollen, meist schneller und deutlicher

wirksam als eine allumfassende Behandlung mit mehr als drei Mineralsalzen gleichzeitig.
In vielen Fällen ist die Therapie mit *nur einem einzigen Mittel*, das die Symptomatik genau trifft, am wirksamsten (siehe auch »Einnahme- und Dosierungsempfehlungen«, Seite 23).
Die empfohlenen Ergänzungsmittel sind mit (E) versehen.

Abnehmen
- zur Unterstützung gewichtsreduzierender Maßnahmen: *Natrium phosphoricum, Natrium sulfuricum*

Ablagerungen
- durch Säure- oder Eiweißüberschuß: *Calcium fluoratum, Calcium phosphoricum, Natrium phosphoricum, Silicea*

Abmagerung
- durch Übersäuerung: *Natrium phosphoricum, Silicea*
- mit Durchfall: *Kalium phosphoricum, Natrium phosphoricum*
- unerklärbare Abmagerung*: *Kalium jodatum* D12 und *Lithium chloratum* D12 (E); Ursache zuerst klären!

Absonderungen
- bei Entzündungen im Hals-Nasen-Rachen-Raum: *Ferrum phosphoricum*

- dünn, wäßrig, brennend: *Natrium chloratum*
- gelb-grün, eitrig: *Natrium phosphoricum, Calcium sulfuricum, Silicea*
- weißer, zäher Schleim, bei Husten: *Kalium chloratum, Calcium sulfuricum*
- bei Wunden, die lange nicht zuheilen:
  - eitrig, gelb-grün: *Natrium sulfuricum, Calcium sulfuricum* (zusätzlich Salbenverband)
  - eitrig, blutig, jauchig riechend: *Kalium phosphoricum, Silicea*
  - wenn die Wunde noch entzündlich gerötet ist, auch *Ferrum phosphoricum*
  - verkrustete, verhärtete Wunden: *Calcium fluoratum, Silicea*

Abstillen
- *Natrium sulfuricum* (Tabletten und Salbe)

Abszeß
- erstes Mittel bei Schmerz, hitziger Entzündung und zu erwartender Eiterbildung: *Ferrum phosphoricum*
- bei Schwellung, jedoch keiner Eiterbildung: *Kalium chloratum* abwechselnd mit *Ferrum phosphoricum*
- bei Eiterbildung: *Silicea* (bringt Abszeß zum Reifen), *Calcium sulfuricum* (zum Öffnen und Abheilen des Abszesses) (Tabletten und Salben)
- wenn Abszeßbildung sich wiederholt, haben *Kalium phosphoricum* und *Calcium phosphoricum* als Langzeitbehandlung eine antiseptische Wirkung und verbessern die Blutqualität

Acidose (Übersäuerung)

- Hauptmittel: *Natrium phosphoricum* abwechselnd mit *Natrium sulfuricum*
- bei saurem Aufstoßen, Sodbrennen und Kältegefühl: *Natrium phosphoricum, Silicea*
- brennendes, fades Aufstoßen, das sich durch Trinken von heißem Wasser verbessert
- Gasansammlungen mit aufgeblähtem Bauch: *Magnesium phosphoricum, Natrium sulfuricum*
- ständige Müdigkeit und Abgeschlagenheit: *Natrium phosphoricum, Natrium sulfuricum, Silicea* (siehe auch Mineralsalz-Kombination C)

Aftereinrisse, Schrunden und Rhagaden

- *Calcium fluoratum* und *Silicea* (zusätzlich Salben)
- Afterjucken (siehe auch Hämorrhoiden): *Calcium fluoratum* abwechselnd mit *Ferrum-phosphoricum*-Tabletten und *Magnesium-phosphoricum*-Salbe

Akne (siehe auch Haut)

- entzündlich gerötet: *Ferrum phosphoricum, Kalium chloratum* und *Natrium phosphoricum* (diese drei Mittel sollten über längere Zeit genommen werden)
- mit Eiterbildung: *Silicea* und *Calcium sulfuricum; Arsenum jodatum* (E), *Kalium bromatum* (E); diese Mittel fördern die Reifung und Entleerung der Pusteln (zusätzlich *Natrium-phosphoricum*- oder *Silicea*-Salbe vor dem Schlafengehen auftragen)

Alkoholismus

- unterstützend bei der Entwöhnung: *Magnesium phosphoricum, Natrium phosphoricum, Natrium sulfuricum*

Allergien

- bei Übersäuerung des Blutes und Stoffwechselstörungen: *Natrium phosphoricum, Natrium sulfuricum*
- bei nervlicher Überlastung und Streß: *Kalium phosphoricum, Magnesium phosphoricum*

Alterserscheinungen

- zu frühe Faltenbildung: *Silicea, Kalium phosphoricum* (Tabletten und *Silicea*-Salbe), *Calcium carbonicum* (E)
- steife, klamme Hände und Glieder: *Calcium fluoratum, Calcium phosphoricum, Natrium phosphoricum*
- Zittern und Zuckungen: *Magnesium phosphoricum, Kalium phosphoricum*
- Altersherz: *Kalium phosphoricum, Calcium phosphoricum*
- Krampfadern (siehe auch unter Krampfadern): *Calcium fluoratum, Kalium chloratum, Silicea*

Anämie

- die drei wichtigsten Aufbaumittel sind: *Calcium phosphoricum, Ferrum phosphoricum* und *Natrium chloratum*
- zur Bildung von neuen Blutzellen: *Calcium phosphoricum, Ferrum phosphoricum, Manganum sulfuricum* (E)

- bei unreiner Haut, zur Reinigung des Blutes: *Kalium chloratum*
- bei dünnem wäßrigem Blut und depressiver Stimmung: *Natrium chloratum*
- bei Säureüberschuß zur Blutreinigung: *Natrium phosphoricum*

Angstzustände
- Nervosität und Zittern: *Kalium phosphoricum, Magnesium phosphoricum*
- Klaustrophobie und andere Phobien: *Calcium phosphoricum, Magnesium phosphoricum*
- Atemnot: *Kalium sulfuricum*
- Verzagtheit, Lebensüberdruß: *Kalium phosphoricum, Lithium chloratum* D12 (E)

Aphthen
- Mundsoor, Mundschleimhautentzündung: *Ferrum phosphoricum*
- mit weißlich-grauem Belag und/oder hellrotem Rand: *Kalium chloratum* abwechselnd mit *Kalium phosphoricum*

Appetit
- übermäßiger Appetit: *Calcium phosphoricum*
- Heißhunger, Leberstörungen, weißgrauer Zungenbelag: *Kalium chloratum*
- Appetitlosigkeit bei Übelkeit, allgemeiner Schwäche und mangelnder Magensaftbildung: *Kalium chloratum, Natrium chloratum*

- Sodbrennen und übersäuerter Magen, Magenschmerzen nach dem Essen: *Natrium phosphoricum*
- Appetitlosigkeit bei nervösen Störungen: *Kalium phosphoricum, Magnesium phosphoricum* (»heiße Sieben«)

Arterienverkalkung
- *Calcium fluoratum* und *Silicea* sind die wichtigsten Mittel zur Langzeittherapie
- bei Depressionen, Angstzuständen und Herzbeschwerden: *Kalium phosphoricum, Magnesium phosphoricum*

Arthritis (Gelenkentzündung)
- Langzeitbehandlung mit *Calcium phosphoricum, Ferrum phosphoricum, Natrium phosphoricum*
- bei Verschlimmerung am Abend: *Kalium sulfuricum*
- mit Hitzegefühl: *Ferrum phosphoricum*

Arthrose
- Langzeitbehandlung mit *Calcium fluoratum, Calcium phosphoricum, Natrium chloratum, Natrium phosphoricum, Silicea*
- bei entzündlichen Vorgängen: *Ferrum phosphoricum* (zur äußerlichen Behandlung die entsprechenden Mineralsalben anwenden)

*Asthma bronchiale**
- wichtigstes biochemisches Mittel bei allen Asthmaformen: *Natrium sulfuricum*

- bei akuten, krampfartigen Anfällen und gelegentlich gleichzeitig auftretenden Leibschmerzen: *Magnesium phosphoricum, Natrium sulfuricum*
- Anfälle durch Nervosität mit unruhigem Herzschlag und gleichzeitigem heftigem Jucken, Schwächezustand, Lähmungen und Krämpfen: als Sofortmaßnahme *Magnesium phosphoricum* (»heiße Sieben«) und *Kalium phosphoricum*; dann für längere Zeit: *Kalium arsenicosum* (E), *Kalium phosphoricum, Natrium sulfuricum*
- Anfälle durch allergische Reaktionen, Heuschnupfen: *Kalium phosphoricum, Arsenum jodatum* (E), *Calcium phosphoricum*
- bei schwerlöslichem weißem Schleim und starkem Engegefühl in Herz und Lunge: *Kalium chloratum*, eine Zeitlang in 10minütigem Abstand einnehmen
- nach Beruhigung: *Kalium phosphoricum*
- bei schwerer Atemnot und Auswurf kleiner gelblicher Schleimklumpen: *Kalium sulfuricum, Silicea*
- bei Anfällen vorwiegend am Abend oder in der Nacht und nach dem Essen: *Kalium sulfuricum*

Atem

- übelriechend: *Calcium phosphoricum*
- sauer riechend: *Natrium phosphoricum* (evtl. Verdacht auf Diabetes*)
- Atemnot: *Calcium fluoratum, Arsenum jodatum* (E)
- Atemnot durch nervöse Zustände: *Kalium phosphoricum, Magnesium phosphoricum*

Aufregung

- akute Zustände: *Magnesium phosphoricum, Calcium phosphoricum*

Aufstoßen (siehe auch Schluckauf)

- bitterer Geschmack: *Natrium sulfuricum*
- saurer Geschmack und Brennen in der Speiseröhre: *Natrium phosphoricum*
- Luftaufstoßen mit Leibschmerzen und Blähungen: *Magnesium phosphoricum, Kalium sulfuricum*

Augen

- Skleren gelblich: *Natrium sulfuricum, Magnesium phosphoricum, Arsenum jodatum* (E)
- brennend: *Calcium fluoratum, Calcium sulfuricum, Natrium chloratum*
- juckend, tränen schnell oder fühlen sich rauh und trocken an: *Natrium chloratum, Silicea, Magnesium phosphoricum*
- Doppeltsehen: *Calcium fluoratum, Calcium sulfuricum, Natrium chloratum*
- Funkensehen: *Magnesium phosphoricum, Natrium phosphoricum, Natrium sulfuricum, Silicea*
- Bindehaut- und Lidrandentzündung: *Ferrum phosphoricum*
- eitrig-gelb verklebt: *Natrium phosphoricum*
- Netzhautentzündung: *Kalium chloratum, Calcium sulfuricum*
- Kurzsichtigkeit: *Calcium fluoratum, Natrium phosphoricum, Silicea*

- grauer Star: *Calcium fluoratum, Kalium phosphoricum, Natrium chloratum, Natrium phosphoricum, Silicea*
- grüner Star: *Kalium chloratum, Kalium phosphoricum, Magnesium phosphoricum, Natrium chloratum, Natrium phosphoricum, Silicea*
- Lichtempfindlichkeit: *Natrium phosphoricum, Silicea*
- Regenbogenhautentzündung: *Ferrum phosphoricum, Kalium chloratum, Natrium chloratum, Calcium sulfuricum*
- Sehkraft geschwächt: *Kalium phosphoricum, Calcium fluoratum*
- Schielen: *Calcium fluoratum, Kalium phosphoricum, Magnesium phosphoricum, Natrium phosphoricum, Silicea*
- Überanstrengung: *Kalium phosphoricum, Natrium chloratum, Silicea*
- Augenlidlähmung*: *Kalium phosphoricum, Magnesium phosphoricum*
- Zuckungen: *Magnesium phosphoricum, Silicea, Calcium phosphoricum*
- Augenschmerzen bei Bewegung und Fieber: *Ferrum phosphoricum*
- Rötung mit Druckgefühl: *Ferrum phosphoricum, Kalium chloratum, Natrium chloratum*

Ausschläge (siehe Haut)

Auswurf

- blutig-eitrig, übelriechend*: *Silicea, Calcium sulfuricum*
- durchsichtig, glasig, wäßrig: *Natrium chloratum*
- gelbgrüner Eiter: *Natrium sulfuricum, Natrium phosphoricum*

Bänder

- Elastizitätsverlust, Erschlaffung (Gebärmutter- und Harnblasensenkungen): *Calcium fluoratum, Calcium phosphoricum, Silicea*
  (siehe auch Mineralsalz-Kombination G)

Bandscheibenbeschwerden

- Langzeitbehandlung zum Aufbau der Knorpelmasse und zur Schmerzlinderung: *Calcium fluoratum, Calcium phosphoricum, Magnesium phosphoricum, Silicea, Natrium chloratum, Kalium phosphoricum;* Massagen mit *Magnesium-phosphoricum-* oder *Silicea-*Salbe

Basedowsche Krankheit (siehe auch Schilddrüse)*

- Langzeitbehandlung mit *Magnesium phosphoricum, Calcium phosphoricum* (Tabletten und Salben) *Kalium jodatum* (E) oder *Kalium bromatum* (E)
- mit Herzbeschwerden: *Kalium phosphoricum, Kalium sulfuricum*
- mit Drüsenschwellung: *Kalium chloratum, Calcium fluoratum* (Tabletten und Salben), *Kalium jodatum* (E)

Bauch

- Bauchschmerzen vom Darm: *Magnesium phosphoricum* (»heiße Sieben«)
- Bauchschmerzen mit Übelkeit und Kopfweh: *Magnesium phosphoricum, Natrium chloratum* (siehe auch Mineralsalz-Kombinationen E und S)
- Bauchfellentzündung*: *Ferrum phosphoricum, Kalium chloratum*
- mit Krämpfen und Fieber: *Ferrum phosphoricum, Kalium phosphoricum, Magnesium phosphoricum*
- mit Verstopfung, Blähungen: *Ferrum phosphoricum, Natrium sulfuricum, Kalium phosphoricum, Calcium sulfuricum, Silicea*
- Bauchspeicheldrüsenentzündung*: *Ferrum phosphoricum, Kalium phosphoricum, Natrium sulfuricum, Silicea*
- Völlegefühl: *Kalium sulfuricum, Natrium phosphoricum*
- Bauchdecke erschlafft: *Calcium fluoratum, Silicea* (Tabletten und Salben anwenden)

Beine

- offene Wunde, eiternd (siehe auch Unterschenkelgeschwüre): *Kalium chloratum, Natrium phosphoricum, Natrium sulfuricum, Silicea, Calcium sulfuricum*
- Schwäche: *Ferrum phosphoricum, Kalium phosphoricum*
- schwer, geschwollen: *Kalium sulfuricum, Kalium chloratum*
- Wasserstauung*: *Natrium chloratum, Natrium sulfuricum*

- Unruhe und Zuckungen im Schlaf: *Magnesium phosphoricum, Natrium sulfuricum*
- Krämpfe: *Magnesium phosphoricum, Calcium fluoratum*

Besenreiser
- bei Bindegewebeschwäche: *Calcium fluoratum, Silicea* (Tabletten und Salben)

Bettnässen
- bei Kindern mit Muskelschwäche oder Blasenentzündung: *Ferrum phosphoricum*
- bei nervösen, sehr aktiven Kindern: *Kalium phosphoricum, Ferrum phosphoricum, Natrium chloratum*
- bei Kindern, verursacht durch Würmer und Übersäuerung: *Natrium phosphoricum*
- bei älteren Menschen, Schließmuskelschwäche: *Calcium fluoratum, Calcium phosphoricum*
- nach Erkältung und beim Husten: *Ferrum phosphoricum, Natrium sulfuricum*
- Blasenschwäche, Nervosität: *Kalium phosphoricum, Natrium chloratum*

Bindegewebe
- Stärkung und Aufbau: *Calcium fluoratum, Calcium phosphoricum, Silicea* (siehe auch Mineralsalz-Kombination G)
- Gewebeschwund: *Natrium phosphoricum, Silicea, Arsenum jodatum* (E), *Lithium chloratum* (E)

- Entzündung: *Ferrum phosphoricum, Kalium chloratum, Natrium sulfuricum*
- eitrige Entzündung: *Calcium sulfuricum, Silicea, Natrium phosphoricum*

Blähungen (siehe auch Darm)

- zur Auflösung und Vermeidung: *Natrium phosphoricum, Kalium phosphoricum, Kalium chloratum*
- mit kolikartigen Schmerzen: *Magnesium phosphoricum, Kalium aluminium sulfuricum* (E)
  (siehe auch Mineralsalz-Kombination E)

Bläschenausschlag (siehe auch Haut, Herpes)

- Herpes simplex am Mund, entzündlich gerötet: *Ferrum phosphoricum, Kalium chloratum*
- reif, eitrig: *Natrium phosphoricum, Calcium sulfuricum, Silicea*
- wäßrige Absonderung: *Natrium chloratum*

(bei allen Beschwerden Tabletten und Salben)

Blase (Harnblase)

- Blasenschwäche (auch bei Kindern): *Calcium phosphoricum, Natrium sulfuricum, Kalium phosphoricum*
- Blasenkatarrh und Reizblase: *Ferrum phosphoricum, Magnesium phosphoricum, Natrium chloratum, Natrium bicarbonicum* (E), *Lithium chloratum* (E)
- Blasenentzündung*: *Ferrum phosphoricum, Kalium chloratum, Calcium sulfuricum*
- Brennen beim Wasserlassen*: *Ferrum phosphoricum, Natrium chloratum*

- dunkelroter Urin*, mit Rheuma: *Natrium phosphoricum*
- ständiger Drang zum Wasserlassen: *Ferrum phosphoricum, Silicea*
- Bettnässen bei Kindern: *Kalium phosphoricum, Natrium phosphoricum, Natrium chloratum, Ferrum phosphoricum*
- Blut im Urin*: *Natrium phosphoricum, Calcium sulfuricum*
- Eiweiß im Urin: *Calcium phosphoricum*
- Sediment im Urin: *Natrium sulfuricum, Calcium phosphoricum*
- Blasensteine*, Ausscheidung: *Natrium sulfuricum, Magnesium phosphoricum, Kalium phosphoricum, Silicea*
- Blasensteinkolik*: *Magnesium phosphoricum*
- Blasenkrampf und -lähmung: *Magnesium phosphoricum, Ferrum phosphoricum, Kalium phosphoricum*
- Inkontinenz (Schließmuskelschwäche): *Calcium fluoratum, Ferrum phosphoricum, Kalium phosphoricum*
- funktionsanregend: *Natrium chloratum, Natrium sulfuricum*

Blasen

- wäßrig, durch Druckstellen oder Verbrennungen entstanden: *Natrium chloratum* (Tabletten und Salbe)

Blinddarm

- Entzündung und Reizung*: *Ferrum phosphoricum, Kalium chloratum*

- starke Schmerzen*: *Magnesium phosphoricum* (»heiße Sieben«)

Blut, Blutdruck

- Blutdruck erhöht durch Aufregung und bei erhöhtem Cholesterin*: *Magnesium phosphoricum, Kalium phosphoricum*
- Blutdruck erhöht durch Verkalkung* (Arteriosklerose): *Calcium fluoratum, Calcium phosphoricum, Silicea, Kalium jodatum* (E)
- Blutdruck niedrig: *Ferrum phosphoricum, Kalium phosphoricum, Magnesium phosphoricum*
- Blutbildung bei Blutarmut (siehe auch Anämie): *Ferrum phosphoricum, Calcium phosphoricum, Natrium chloratum* oder *Manganum sulfuricum* (E) abwechselnd mit *Ferrum phosphoricum*
- Blutreinigung: *Kalium chloratum, Natrium sulfuricum, Natrium phosphoricum*; mit eitrigen Hautaffektionen zusätzlich *Calcium sulfuricum*
- Blut dick, schwärzlich rot: *Natrium phosphoricum, Kalium phosphoricum*
- Blut im Stuhl*: *Calcium sulfuricum*
- Blutgerinnungsstörungen: *Calcium phosphoricum, Kalium chloratum, Calcium sulfuricum*
- Blutandrang zum Kopf: *Magnesium phosphoricum, Silicea, Ferrum phosphoricum*
- Bluterguß: *Silicea, Calcium fluoratum* (Tabletten und Salbe)
- Blutvergiftung*: *Calcium sulfuricum, Kalium phosphoricum, Natrium sulfuricum*

- Blutungen aus Wunden durch Verletzung: *Ferrum phosphoricum* (und äußerlich pulverisierte Tabletten auftragen)
- Blutungen bei Frauen: siehe Menstruation

Brandwunden

- Erste Hilfe: *Natrium chloratum, Kalium chloratum, Ferrum phosphoricum* (Tabletten in abgekochtem kühlem Wasser lösen und Umschlag auflegen)
- eiternd: *Silicea, Calcium sulfuricum*
- wässernd: *Natrium chloratum, Silicea*

Brechreiz (siehe auch Magen)

- Übelkeit: *Natrium chloratum, Natrium phosphoricum*
- durch nervliche Belastung: *Natrium phosphoricum, Magnesium phosphoricum* (»heiße Sieben«)

Bronchitis

- in der ersten Entzündungsphase und bei Fieber: *Ferrum phosphoricum*; zusätzlich *Kalium sulfuricum* bei gelben, schleimigen Absonderungen und Verschlimmerung am Abend
- im zweiten Stadium mit Husten und dickem weißem Schleim, Zunge weißgrau belegt: *Kalium chloratum* (siehe auch Husten)
- bei Geruchs- und Geschmacksverlust: *Natrium chloratum* (siehe auch Mineralsalz-Kombination J)

Brust

- Verhärtung und knotig: *Calcium fluoratum*

- Schwellung: *Kalium chloratum*
- Brustdrüsenentzündung beim Stillen: *Ferrum phosphoricum, Natrium phosphoricum*
- eiternde Brustdrüsenentzündung*: *Silicea, Calcium sulfuricum*
- Brustdrüsenentzündung mit Fieber*: *Ferrum phosphoricum* zuerst, dann *Kalium phosphoricum*
- verhärtete Brustdrüsen: *Calcium fluoratum, Natrium phosphoricum* (gleichzeitig Salben anwenden)
- Brusterschlaffung: *Calcium fluoratum, Silicea*
- Brustfellentzündung*: *Ferrum phosphoricum, Kalium chloratum, Kalium sulfuricum, Natrium chloratum*

Cellulite (Orangenhaut)

- lange bestehend, verhärtet: *Calcium fluoratum, Calcium sulfuricum, Natrium sulfuricum* und *Kalium chloratum* für einige Wochen zur Entgiftung, danach *Kalium sulfuricum* und *Natrium phosphoricum*
- zur Vorbeugung: *Silicea, Natrium phosphoricum, Kalium chloratum* (Massagen mit *Calcium-fluoratum-* und *Silicea*-Salbe)

Cholesterin

- ausgleichend bei zu hohem oder zu niedrigem Spiegel: *Magnesium phosphoricum, Natrium phosphoricum*

Darm

- Geschwüre*: *Calcium sulfuricum, Natrium phosphoricum, Silicea*

- Mastdarmfistel: *Silicea, Natrium phosphoricum*
- Kolik und krampfartige Bauchschmerzen: *Magnesium phosphoricum* (»heiße Sieben«)
- Darmträgheit: *Ferrum phosphoricum, Kalium chloratum, Natrium chloratum, Magnesium phosphoricum*
- Darmerschlaffung und Schließmuskelschwäche: *Calcium fluoratum, Silicea, Ferrum phosphoricum*
- Afterfissuren und -risse: *Calcium fluoratum, Silicea*
- Ruhr*:
  - im ersten Stadium, kein oder niedriges Fieber bis 38,5 °Celsius: *Ferrum phosphoricum, Kalium chloratum, Natrium chloratum*
  - im fortschreitenden Stadium mit Fieber über 38,5 °Celsius: *Kalium phosphoricum, Natrium chloratum*
  - mit krampfartigen Bauchschmerzen, Übelkeit und Schwäche: *Magnesium phosphoricum, Kalium phosphoricum, Natrium chloratum*
  - blutiger, eitriger und sehr häufiger Stuhl: *Calcium sulfuricum, Ferrum phosphoricum, Calcium phosphoricum*
- Darmpilz *(Candida albicans u. ä.)*, zur Verbesserung des Darmmilieus bei Übersäuerung: *Natrium phosphoricum, Natrium chloratum, Natrium sulfuricum*
- Durchfälle:
  - hell, schleimig-blutig*: *Ferrum phosphoricum, Kalium chloratum*
  - faulig riechend, krampfartige Schmerzen, erfolgloser Stuhldrang: *Kalium phosphoricum, Cuprum arsenicosum* (E)
  - wäßrig-schleimig, krampfartige Schmerzen, die

sich durch Wärme bessern: *Magnesium phosphoricum, Natrium chloratum, Kalium arsenicosum* (E)
- wundmachend, wäßrig-schleimig, sich abwechselnd mit Verstopfung: *Natrium chloratum, Natrium sulfuricum*
- sauer riechend, besonders bei Säuglingen und Kleinkindern bei gleichzeitigem gelbem Zungenbelag: *Natrium phosphoricum*
- chronisch, vor allem morgens auftretend: *Natrium sulfuricum*
- blutig*, eitrig*, schleimig*: *Natrium chloratum, Natrium phosphoricum, Silicea, Calcium sulfuricum*
- grünlich aussehend: *Natrium sulfuricum*
- grünlich galliger Stuhl oder Erbrechen von Galle: *Natrium sulfuricum*
- nach fettigem Essen: *Kalium chloratum*
- bei zahnenden Kindern mit Bauchkrämpfen: *Calcium phosphoricum*
- (bei ständig wiederkehrenden Magen-Darm-Beschwerden siehe auch Mineralsalz-Kombination E).

• Obstipation (Verstopfung):
- Stuhl sehr hell aufgrund mangelnder Leberaktivität: *Kalium chloratum*
- dumpfe, schwere Kopfschmerzen mit Schläfrigkeit, Tränenfluß und Erbrechen von schaumigem Schleim: *Natrium chloratum*
- Stuhl trocken, verursacht Fissuren am Rektum: *Natrium chloratum*
- mit saurem Aufstoßen: *Natrium phosphoricum, Magnesium phosphoricum*

- bei Übersäuerung: *Natrium phosphoricum, Natrium sulfuricum, Ferrum phosphoricum*
- mit Völlegefühl und Blähungen: *Kalium sulfuricum, Magnesium phosphoricum, Kalium aluminium sulfuricum* (E)
- Anregung der Peristaltik: *Calcium phosphoricum*
- Stuhl hart, knotig (»Schafskot«): *Kalium sulfuricum, Silicea, Kalium phosphoricum*

Depressionen

- mit Ängstlichkeit, Weinerlichkeit, Gedächtnisschwäche, allgemeiner seelischer Erschöpfung: *Kalium phosphoricum, Lithium chloratum* (E)
- Schlafstörungen: *Kalium phosphoricum, Calcium phosphoricum*
- Zukunftsangst: *Calcium phosphoricum*
- Mutlosigkeit: *Natrium sulfuricum*
- Kinder, die stets schlecht gelaunt, schnell wütend sind und schlecht schlafen: *Kalium phosphoricum*

Diabetes (Zuckerkrankheit)*

- *Magnesium phosphoricum, Natrium sulfuricum, Zincum chloratum* (E)

Drüsen

- Schwellungen: *Kalium chloratum*
- weiche Geschwulst: *Kalium chloratum*
- Verhärtungen: *Calcium fluoratum*
- Entzündung: *Ferrum phosphoricum, Kalium chloratum*

Durchfall (siehe Darm)

Eierstöcke

- Entzündung*: *Ferrum phosphoricum, Kalium chloratum, Kalium sulfuricum*

Eiterungen (siehe auch Wunden)

- eitrige Akne: *Natrium phosphoricum, Silicea, Calcium sulfuricum*
- Eiterfluß fördernd und zur Reifung entzündlicher Vorgänge: *Calcium sulfuricum, Silicea*
- bei offenen Wunden, auch in chronischen Fällen: *Calcium sulfuricum, Silicea* (Tabletten innerlich und äußerlich)

Ekzeme (siehe Haut)

*Embolie**

- bei Krampfadern und venösen Stauungen: *Calcium fluoratum, Ferrum phosphoricum, Kalium chloratum, Kalium sulfuricum,*
- bei Herzbeschwerden: *Kalium phosphoricum*

Energiemangel

- *Ferrum phosphoricum, Kalium phosphoricum, Calcium phosphoricum*

Entgiftung, Entschlackung

- Ausscheidung von Schlacken, Impf- und Anästhesiegiften und sonstigen Giftstoffen: *Kalium chloratum,*

Natrium sulfuricum, Natrium phosphoricum, Calcium sulfuricum, Silicea, Natrium bicarbonicum (E)

Entwöhnung
- von Alkohol, Nikotin und anderen Suchtstoffen: *Kalium chloratum, Magnesium phosphoricum*

Entzündungen
- im Anfangsstadium: *Ferrum phosphoricum*
- fortschreitend: *Kalium chloratum, Kalium sulfuricum, Silicea*
- chronisch: *Ferrum phosphoricum, Kalium chloratum, Calcium sulfuricum, Silicea*

Epilepsie
- Dauerbehandlung zur Vorbeugung von Anfällen: *Magnesium phosphoricum, Calcium phosphoricum, Kalium chloratum, Ferrum phosphoricum*
- bei starker Krampfneigung: *Magnesium phosphoricum*
- Langzeitbehandlung mit höheren Potenzen der folgenden Ergänzungsmittel möglich: *Cuprum arsenicosum* (E), *Zincum chloratum* (E), *Kalium arsenicosum* (E)

Erbrechen
- während der Schwangerschaft: *Calcium phosphoricum, Ferrum phosphoricum*
- von Galle: *Natrium sulfuricum, Magnesium phosphoricum*
- von Blut*: *Kalium phosphoricum, Natrium chloratum*

- von schaumigem Schleim: *Natrium chloratum*
- von unverdauten Speisen: *Ferrum phosphoricum*
- während des Zahnens von Säuglingen und Kleinkindern: *Calcium fluoratum, Calcium phosphoricum*
- mit Fieber: *Ferrum phosphoricum, Magnesium phosphoricum*
- nach dem Genuß zu kalter Getränke und Eis: *Calcium phosphoricum, Natrium phosphoricum*

Erfrierungen
- Frostbeulen: *Kalium phosphoricum, Kalium chloratum* (Tabletten und Salben)
- brandige Wunden an Händen und Füßen: *Kalium phosphoricum, Kalium sulfuricum, Calcium sulfuricum, Silicea*

Erkältungen (siehe auch Grippe)
- vorbeugend und beim ersten Anzeichen: *Ferrum phosphoricum*
- im zweiten Stadium (Höhepunkt): *Ferrum phosphoricum, Kalium phosphoricum, Kalium chloratum*
- im abklingenden Stadium: *Kalium chloratum, Kalium sulfuricum, Natrium chloratum, Silicea*
- zum Kräfteaufbau nach der Krankheit: *Calcium phosphoricum*

(siehe auch Mineralsalz-Kombination J)

Erröten
- *Natrium sulfuricum, Magnesium phosphoricum, Calcium sulfuricum*

Erschöpfungszustände

- durch nervliche Überlastung: *Kalium phosphoricum, Magnesium phosphoricum, Kalium bromatum* (E)
- mit Abmagerung: *Kalium phosphoricum, Lithium chloratum* (E), *Calcium sulfuratum* (E)
- mit Schlaflosigkeit, bei Diabetes, krampfartigen Menstruationsbeschwerden: *Kalium phosphoricum, Zincum chloratum* (E)

Eßstörungen

- Eßsucht: *Magnesium phosphoricum, Natrium phosphoricum*
- mit Gewichtsverlust: *Calcium phosphoricum, Natrium chloratum, Calcium sulfuratum* (E)
- Fettsucht: *Natrium sulfuricum, Calcium phosphoricum, Natrium bicarbonicum* (E)

Faltenbildung

- frühzeitig: *Silicea, Kalium phosphoricum, Calcium fluoratum* (Tabletten und Salben), *Calcium carbonicum* (E)

Fettsucht (siehe Eßstörungen)

Fehlgeburt

- Nachbehandlung zur raschen Rückbildung der Unterleibsorgane: *Calcium fluoratum, Calcium phosphoricum*
- zum Aufbau von Blut- und Nervensystem: *Ferrum phosphoricum, Kalium phosphoricum, Magnesium phosphoricum, Natrium chloratum*

- zur Vorbeugung und Vermeidung einer Fehlgeburt: *Calcium fluoratum, Calcium phosphoricum, Kalium phosphoricum, Silicea*

Fettgeschwulst (siehe auch Geschwulst)*

- *Natrium phosphoricum, Natrium sulfuricum, Calcium sulfuricum*

Fettleibigkeit (siehe Eßstörungen)

Feuermal

- *Calcium fluoratum, Calcium phosphoricum, Silicea* (Tabletten und Salben)

Fieber

- bis 38,5 °Celsius: *Ferrum phosphoricum*
- über 38,5 °Celsius *: *Kalium phosphoricum, Kalium chloratum*
- Fieberkrämpfe*: *Ferrum phosphoricum, Kalium phosphoricum, Calcium phosphoricum*
- Frösteln am Beginn von fiebrigen Erkrankungen: *Ferrum phosphoricum*
- Frösteln am Rücken, wäßriger Speichelfluß, schwere Kopfschmerzen und erhöhte Temperatur: *Natrium chloratum*
- kalter Schweiß am Körper und im Gesicht: *Calcium phosphoricum*
- sauerriechender Schweiß: *Natrium phosphoricum*
- nervöses Frösteln mit Zähneklappern: *Magnesium phosphoricum, Kalium phosphoricum*

- Schüttelfrost und Zittern: *Ferrum phosphoricum, Calcium phosphoricum, Natrium chloratum*
- Schlaflosigkeit: *Kalium phosphoricum*
- Zunge grünlich-braun belegt: *Natrium sulfuricum*
- Zunge grau-weiß, schleimig belegt: *Kalium chloratum*
- mit Magen-Darm-Beschwerden: *Natrium sulfuricum, Natrium phosphoricum*

Fieberblasen
- Herpes simplex und andere Blasen: *Ferrum phosphoricum, Kalium chloratum*

Fingernägel
- brüchig, zu hart, verformt: *Calcium fluoratum, Calcium phosphoricum, Silicea*
- zu dünn und weich: *Calcium phosphoricum, Silicea*

Fisteln
- *Kalium chloratum, Natrium chloratum, Calcium sulfuricum, Silicea* (Tabletten und Salben)

*Flechten**
- über den Körper verteilt oder stellenweise immer wieder auftretend sowie bei Bartflechte: *Calcium phosphoricum, Magnesium phosphoricum* (vor allem Salbe), *Natrium phosphoricum, Silicea, Natrium chloratum* (Tabletten und Salbe), *Kalium arsenicosum* (E), *Kalium bromatum* (E)

Fontanelle

- schließt sich zu langsam: *Calcium fluoratum, Calcium phosphoricum*

Frostbeulen

- *Kalium phosphoricum, Kalium chloratum, Silicea* (Tabletten und Salben)

Füße

- eingewachsene Fußnägel: *Calcium fluoratum, Kalium chloratum*
- bei Eiterbildung: *Silicea* (Tabletten und Salbe)
- ständig kalt, im Winter rasch bläuliche Färbung: *Silicea, Ferrum phosphoricum, Calcium phosphoricum* (Tabletten und Salben)
- Fußschweiß: *Natrium chloratum, Natrium phosphoricum, Silicea* (Tabletten und Salben)
- geschwollen durch Wasseransammlung im Gewebe: *Natrium chloratum, Natrium sulfuricum*
- schwach und unelastisch in den Gelenken: *Calcium fluoratum, Calcium phosphoricum*
- Senk-, Spreiz- und Plattfüße: *Calcium fluoratum, Calcium phosphoricum*

Furunkel

- im ersten geröteten Entzündungsstadium: *Ferrum phosphoricum*
- zur Beschleunigung der Eiterbildung und Öffnung des Furunkels: *Calcium sulfuricum*
- wenn Entzündungsherd und Wundränder hart sind:

Calcium fluoratum, Calcium sulfuricum, Silicea (Tabletten und Salben)
- zur Gewebeneubildung nach Entleerung: *Silicea* (Tabletten und Salbe)

Galle (siehe auch Gelbsucht)
- zur allgemeinen Unterstützung und bei Gallenblasenentzündung*: *Ferrum phosphoricum, Magnesium phosphoricum, Kalium phosphoricum, Natrium sulfuricum*
- nach dem akuten Entzündungsstadium: *Kalium chloratum*
- den Galllefluß ausgleichend: *Natrium sulfuricum, Kalium chloratum*
- Kolik*: *Magnesium phosphoricum* (»heiße Sieben«)
- zur Vorbeugung und zum Abbau von Gallengrieß und -steinen: *Calcium phosphoricum, Natrium phosphoricum, Magnesium phosphoricum, Natrium sulfuricum, Natrium bicarbonicum* (E)
- Gallenschmerzen: *Magnesium phosphoricum* (»heiße Sieben«)
- nach Abklingen der Schmerzen: *Ferrum phosphoricum*

Gastritis (siehe Magen)

Gaumen
- heiß, geschwollen, entzündet: *Ferrum phosphoricum*
- Drüsen und Gaumen geschwollen: *Kalium chloratum*
- trocken: *Natrium chloratum*

Gebärmutter (siehe auch Menstruation)

- Vorfall, Senkung: *Calcium fluoratum, Silicea*
- Schmerzen: *Calcium phosphoricum, Magnesium phosphoricum*
- Blutungen* unregelmäßig, Blut schwarz und klumpig: *Kalium chloratum, Calcium fluoratum, Ferrum phosphoricum, Silicea*
- Blutungen* unregelmäßig, Blut hellrot: *Ferrum phosphoricum*
- Gebärmutterkrebs*: begleitend zu anderen Behandlungen: *Arsenum jodatum* (E)

Geburt

- Vorbereitung und Erleichterung: *Calcium fluoratum, Calcium phosphoricum, Magnesium phosphoricum* (Tabletten und Salben)
- Wehenschwäche: *Kalium phosphoricum*
- Entkrampfung beim Geburtsvorgang: *Magnesium phosphoricum*
- Nachwehen: *Magnesium phosphoricum, Kalium phosphoricum*
- Rückbildung der Gebärorgane: *Calcium fluoratum, Silicea*

Gedächtnisschwäche

- Gedächtnislücken: *Kalium phosphoricum, Calcium phosphoricum, Natrium chloratum*
- bei Arterienverkalkung: *Calcium fluoratum*
- Konzentrationsschwäche: *Calcium phosphoricum, Silicea*

Gefäßerweiterung
- durch Verlust der Elastizität: *Calcium fluoratum*

Gehirn
- Gehirnerschütterung* mit Fieber und Benommenheit: *Ferrum phosphoricum, Calcium fluoratum, Kalium phosphoricum*
- Hirnhautentzündung*: *Ferrum phosphoricum, Kalium chloratum, Kalium sulfuricum, Kalium phosphoricum, Magnesium phosphoricum*
- Gehirnschlag*: *Silicea, Ferrum phosphoricum, Magnesium phosphoricum*; mit Lähmung: *Kalium phosphoricum, Natrium chloratum*
- Vorbeugung von Gehirnschlag: *Calcium fluoratum, Calcium phosphoricum, Natrium phosphoricum, Silicea*

Gelbsucht (siehe auch Galle)
- bei Neugeborenen: *Calcium sulfuricum, Natrium sulfuricum*

  mit Fieber über 38,5 °Celsius: *Kalium phosphoricum, Ferrum phosphoricum*

Gelenke
- knackend: *Calcium fluoratum, Natrium phosphoricum*
- vergrößert, lose, kraftlos: *Calcium fluoratum, Calcium phosphoricum*
- Knorpelbildung, Überbein *(Halux valgus): Calcium fluoratum, Kalium chloratum, Natrium chloratum, Silicea*

- Entzündung (siehe auch Arthritis) mit Schmerzen und Versteifung: *Ferrum phosphoricum*
- chronische Entzündung am Knie mit Schwellung und Schmerzen bei Bewegung: *Silicea, Calcium fluoratum*
- Flüssigkeit in den Gelenken: *Natrium sulfuricum*
- Gelenkrheumatismus (siehe auch Rheuma)
- zu Beginn einer Attacke: *Ferrum phosphoricum*
- akute Phase: *Ferrum phosphoricum, Natrium phosphoricum, Natrium sulfuricum, Silicea*
- akute Schmerzen bei Übersäuerung durch falsche Ernährung: *Natrium phosphoricum*
- zur beschleunigten Ausscheidung toxischer Stoffe: *Natrium sulfuricum*
- mit Schwellung: *Kalium chloratum, Natrium phosphoricum, Calcium fluoratum*

Gereiztheit (siehe auch Nerven)
- durch nervliche Überlastung und Einschlafschwierigkeiten: *Kalium phosphoricum, Magnesium phosphoricum*

Gerstenkorn
- entzündet: *Ferrum phosphoricum, Kalium chloratum*
- zur raschen Reifung und Abheilung: *Calcium sulfuricum, Silicea*

Geruchsverlust
- bei Erkältungskrankheiten: *Natrium chloratum*
- von Sinusitis (Stirnhöhlenkatarrh): *Natrium chloratum* (es muß über einige Monate eingenommen werden)

Geschmack

- bitterer Geschmack im Mund: *Natrium sulfuricum*
- saurer Geschmack im Mund: *Natrium phosphoricum*
- Geschmacksverlust: *Natrium chloratum*
- schlechter Geschmack im Mund und Mundgeruch: *Natrium sulfuricum, Kalium phosphoricum, Calcium phosphoricum*

Geschwüre

- Hautgeschwüre, eiternd, schmerzlos, verhärtet: *Arsenum jodatum* (E), *Calcium sulfuricum, Silicea*
- Krebsgeschwüre*: begleitend zu anderen Maßnahmen *Arsenum jodatum* (E), *Kalium phosphoricum, Magnesium phosphoricum, Silicea, Natrium phosphoricum, Natrium chloratum*

Gesicht (siehe auch Haut)

- Neuralgie (Trigeminusnerv): *Magnesium phosphoricum* (»heiße Sieben«), *Zincum chloratum* (E)
- nervöse Zuckungen: *Magnesium phosphoricum* (»heiße Sieben«)
- Schmerzen in Kieferknochen*: *Calcium fluoratum, Silicea*

Gicht

- durch Harnsäure: *Natrium phosphoricum, Natrium bicarbonicum* (E)
- Anfall mit Fieber: *Ferrum phosphoricum, Kalium chloratum*

- chronisch, empfindlich auf Wettereinflüsse: *Natrium phosphoricum, Lithium chloratum* (E)
- Verschlimmerung am Abend: *Kalium sulfuricum*
- Gichtknoten: *Silicea, Calcium fluoratum, Manganum sulfuricum* (E)

Gliedmaßen

- Schmerzen bei Bewegung und bei Wetterumstellung: *Kalium phosphoricum, Magnesium phosphoricum, Kalium phosphoricum*
- schlafen ein, »nadeln«, Taubheitsgefühl: *Calcium phosphoricum, Magnesium phosphoricum*
- schwer, träge: *Natrium phosphoricum, Kalium sulfuricum*
- Wasseransammlung*: *Natrium chloratum*
- zittern, zucken: *Silicea, Magnesium phosphoricum, Kalium phosphoricum*

Grauer und grüner Star (siehe auch Augen)*

- unterstützend bei anderen Behandlungen: *Calcium fluoratum, Kalium phosphoricum, Silicea*

Grippe und grippaler Infekt (siehe auch Erkältungen und Fieber)

- zu Beginn: *Ferrum phosphoricum, Natrium sulfuricum*
- im zweiten Stadium und bei Fieber: *Ferrum phosphoricum, Kalium phosphoricum, Kalium chloratum*
- bei eitrigen Absonderungen und zum Ausheilen: *Silicea, Calcium sulfuricum*

*Gürtelrose**

- grundsätzliche Behandlung: *Ferrum phosphoricum, Kalium chloratum, Natrium chloratum*
- bei Juckreiz und Schmerzen: *Kalium phosphoricum, Magnesium phosphoricum, Kalium arsenicosum* (E)
- zum Abheilen der Hautaffektionen: *Magnesium phosphoricum, Silicea, Kalium arsenicosum* (E), *Kalium bromatum* (E)

(*Ferrum-phosphoricum-* oder *Silicea*-Salbe kann vom Beginn der Krankheit an angewendet werden)

Haare (siehe auch Mineralsalz-Kombination K für gesunde Haare)

- schnell fettend: *Silicea, Natrium phosphoricum*
- fliegend, elektrostatisch geladen: *Silicea, Natrium phosphoricum*
- brüchig, glanzlos: *Silicea* (ist ein sehr guter »Haar-Conditioner«)
- Schuppen: *Natrium chloratum, Natrium phosphoricum*
- Schuppen, fettig: *Kalium sulfuricum, Natrium phosphoricum*
- Kopfhaut schmerzt beim Kämmen: *Silicea*
- Haarausfall und Glatzenbildung: *Kalium phosphoricum, Silicea*
- kreisrunder Haarausfall*: *Kalium phosphoricum, Ferrum phosphoricum, Silicea*

Hämatom (siehe Blut, Blutdruck)

Hämorrhoiden (siehe auch Mineralsalz-Kombination G)

- Entzündung und Bluten: *Ferrum phosphoricum*
- bei Blutarmut: *Calcium phosphoricum, Calcium fluoratum*
- zur Stärkung der Venen und Muskulatur: *Calcium fluoratum*
- brennend: *Natrium chloratum, Calcium fluoratum*
- juckend, pulsierend: *Magnesium phosphoricum, Silicea*
- knotig, entzündlich*: *Kalium sulfuricum, Calcium fluoratum*

(bei allen Beschwerden können Tabletten und Salben angewendet werden)

Hände

- dauernd kalt: *Natrium chloratum, Silicea*
- bei Kälte blau anlaufend: *Silicea*
- rissig, rauh: *Calcium fluoratum, Silicea*
- feucht, kalt, schweißig: *Natrium chloratum, Silicea*
- Schmerzen in Finger- und Daumengelenken: *Calcium fluoratum, Magnesium phosphoricum*
- steif, unelastisch, schwach: *Calcium fluoratum, Silicea*
- geschwollene Gelenke: *Kalium chloratum*
- kribbeln, taub: *Calcium phosphoricum*

(bei allen Beschwerden können Tabletten und Salben angewendet werden)

Hals

- Brennen oder rauhes Gefühl: *Calcium phosphoricum*

- trocken, gerötet und entzündet: *Ferrum phosphoricum*
- Entzündung der Rachenschleimhäute mit wäßrigen Absonderungen: *Ferrum phosphoricum*
- Mandeln chronisch vergrößert und verhärtet: *Calcium phosphoricum, Calcium fluoratum*
- Entzündung der Mandeln: *Ferrum phosphoricum, Natrium phosphoricum, Kalium sulfuricum*; nach Eiterbildung: *Silicea*
- Entzündung der Mandeln und des Rachens mit Schmerzen und cremig gelblichem Belag: *Natrium phosphoricum*
- Mandeln mit grauweißen Flecken belegt: *Kalium chloratum*
- schmerzend und rauh bei Sängern und Vortragsrednern: *Ferrum phosphoricum*
- Stimmbänder trocken oder zuviel Speichelabsonderung: *Natrium chloratum*
- Gefühl, als sei der Hals zugeschnürt: *Magnesium phosphoricum*
- Drüsenschmerzen: *Calcium phosphoricum*
- Stimmverlust durch Entzündungen: *Kalium chloratum*
- Stimmverlust durch Überanstrengung (schreien): *Ferrum phosphoricum*
- Schmerzen beim Schlucken: *Ferrum phosphoricum, Silicea*
- krampfartiger Husten und Stimmbandlähmung: *Magnesium phosphoricum*
- Trockenheit mit Durst: *Calcium phosphoricum, Natrium chloratum*

- Luftröhre krampfartig verschließend: *Magnesium phosphoricum*
- eitrige Absonderungen: *Silicea*

Harnwege (siehe auch Blase)

- Harnwegs- und Blasenentzündung: *Ferrum phosphoricum, Natrium phosphoricum, Natrium chloratum, Silicea*
- unwillkürlicher Harnabgang (Inkontinenz) und Schließmuskelschwäche: *Ferrum phosphoricum, Calcium fluoratum, Natrium phosphoricum, Magnesium phosphoricum*
- Blut im Harn*: *Ferrum phosphoricum, Natrium phosphoricum, Silicea*
- Brennen beim Wasserlassen (Reizblase): *Ferrum phosphoricum, Natrium chloratum*
- stechender Schmerz am Blasenausgang: *Calcium phosphoricum*
- zu häufiger Harndrang: *Natrium chloratum*
- zu häufiger Harndrang bei nervlicher Belastung: *Kalium phosphoricum*
- Ablagerungen: *Calcium phosphoricum*
- Abbau von Harnsäure (bei Gicht): *Natrium phosphoricum, Silicea*
- dunkelroter Urin bei Rheuma: *Natrium phosphoricum*
- Harngrieß: *Natrium sulfuricum, Calcium phosphoricum*
- Schmerzen beim Abgang von Harngrieß und -steinen: *Magnesium phosphoricum* (»heiße Sieben«)

- stark gefärbter Urin mit Fieber: *Ferrum phosphoricum, Natrium phosphoricum*
- Blasenmuskelkrampf: *Magnesium phosphoricum*
- Eiweiß im Urin*: *Calcium phosphoricum*
- Zucker im Urin: *Kalium phosphoricum, Kalium sulfuricum, Natrium sulfuricum, Natrium chloratum, Zincum chloratum* (E)

Haut

- Akne, entzündet: *Ferrum phosphoricum, Natrium phosphoricum*
- Akne, eitrig, fettige Haut: *Calcium sulfuricum, Natrium phosphoricum, Silicea, Arsenum jodatum* (E)
- extrem trocken: *Natrium chloratum, Silicea, Calcium phosphoricum, Kalium sulfuricum* (Tabletten und *Natrium-chloratum-* oder *Silicea*-Salbe)
- fettig mit Mitessern und großen Poren: *Natrium phosphoricum, Silicea*
- vorzeitige Alterserscheinungen, Falten: *Silicea, Kalium phosphoricum, Calcium carbonicum* (E); (Tabletten und *Silicea*-Salbe)
- Psoriasis, kleine Abszesse (Akne), schuppende und gerötete Ausschläge, Ekzeme (trocken und nässend)
- Herpes: *Arsenum jodatum* (E), *Silicea, Calcium sulfuricum*
- Jucken, Brennen, irritierend wie bei Nesselsucht: *Calcium phosphoricum*
- verhornte, spröde und rissige Haut: *Calcium fluoratum*
- schlecht heilend: *Silicea*

- eitrige Absonderungen: *Calcium sulfuricum, Silicea*
- Schrunden durch Kälte, Wasser oder Putzmittel: *Ferrum phosphoricum, Calcium fluoratum*
- Sonnenbrand, Hautverbrennungen: *Natrium chloratum* (Tabletten in Wasser lösen und Umschläge auflegen; siehe auch »Äußere Anwendungen«, Seite 149)
- Sonnenempfindlichkeit und Sonnenstich: *Calcium phosphoricum, Ferrum phosphoricum, Natrium chloratum*
- Blasen mit wäßrigem Inhalt: *Natrium chloratum, Kalium phosphoricum*
- Pickel im Gesicht: *Calcium phosphoricum, Calcium sulfuricum*; bei eitrigem Inhalt: *Silicea*
- Sommersprossen: *Calcium phosphoricum*
- braune Flecken, auch während der Schwangerschaft: *Kalium sulfuricum*
- Schmerzen durch Hautausschläge: *Ferrum phosphoricum* (Tabletten innerlich und äußerlich)
- Schuppen, fettig: *Kalium phosphoricum, Natrium phosphoricum*
- Schuppen, trocken: *Natrium chloratum, Kalium sulfuricum*
- Hautausschlag (Allergie) am ganzen Körper oder teilweise: *Natrium phosphoricum, Calcium phosphoricum, Natrium sulfuricum, Magnesium phosphoricum*

(bei allen Hautbeschwerden können Tabletten und Salben angewendet werden; siehe auch »Äußere Anwendungen«, Seite 149)

Heiserkeit (siehe auch Erkältungen)

- Stimmbänder, belegt durch Erkältung: *Ferrum phosphoricum, Kalium chloratum, Kalium sulfuricum*
- mit Hustenreiz: *Ferrum phosphoricum, Magnesium phosphoricum*
- nach Überanstrengung und nervöser Erschöpfung: *Ferrum phosphoricum, Kalium phosphoricum*
- chronisch: *Kalium chloratum, Kalium sulfuricum*

Heißhunger

- normalisierend: *Magnesium phosphoricum, Calcium phosphoricum*
- nach dem Essen bleibt unbefriedigter Appetit: *Kalium phosphoricum*
- mit großem Durst: *Natrium chloratum*
- Völlegefühl: *Calcium phosphoricum*
- Schluckauf: *Magnesium phosphoricum*
- mit Gewichtsverlust: *Calcium sulfuratum* (E)

Herpes (siehe auch Bläschenausschlag, Haut)

- Herpes simplex: *Ferrum phosphoricum, Kalium chloratum*
- Herpes zoster: siehe Gürtelrose

Herz

- Herzklappenfehler*: *Calcium fluoratum, Kalium phosphoricum*
- Herzinfarkt* (als begleitende Behandlung): *Calcium fluoratum, Kalium sulfuricum, Ferrum phosphoricum, Magnesium phosphoricum*

- Entzündungen am Herzen*: *Ferrum phosphoricum, Calcium phosphoricum, Kalium phosphoricum, Kalium jodatum* (E)
- Herzrhythmusstörungen: *Kalium phosphoricum, Magnesium phosphoricum, Calcium phosphoricum*
- starkes Herzklopfen vor dem Einschlafen: *Kalium phosphoricum*
- Beklemmungen: *Ferrum phosphoricum, Kalium phosphoricum, Kalium sulfuricum, Magnesium phosphoricum, Silicea*
- Herzschwäche: *Kalium phosphoricum, Magnesium phosphoricum, Kalium arsenicosum* (E)
- Herzverfettung*: *Natrium phosphoricum, Silicea, Natrium chloratum, Kalium phosphoricum*
- Herzmuskellähmung*: *Calcium phosphoricum, Kalium phosphoricum*

Heuschnupfen

- allergische Reaktion, akut, starkes Jucken in Nase und Augen: *Natrium chloratum, Calcium phosphoricum*
- krampfartiges, häufiges Niesen, starkes Jucken in Nase und Augen: *Magnesium phosphoricum* (»heiße Sieben«), *Silicea*
- verschwollene Augen und Nase: *Natrium chloratum, Kalium chloratum*
- Atembeschwerden mit depressiver Stimmung: *Kalium phosphoricum, Natrium sulfuricum*
- blockierte und entzündete Nase, Kopfschmerzen: *Ferrum phosphoricum, Natrium chloratum* (bei entzündeter Nase *Silicea*-Salbe)

- vorbeugende Langzeitbehandlung: *Calcium phosphoricum, Natrium chloratum, Ferrum phosphoricum, Arsenum jodatum* (E)
(siehe auch Mineralsalz-Kombination H)

Hexenschuß
- beim ersten Auftreten: *Ferrum phosphoricum*
- mit starken Schmerzen: *Magnesium phosphoricum* (»heiße Sieben«)
- Schmerzen bei Bewegung: *Ferrum phosphoricum*
- wiederholtes Auftreten bei älteren Menschen: *Calcium phosphoricum, Magnesium phosphoricum* (»heiße Sieben«)

Hitzewallungen (siehe auch Schweiß)
- in den Wechseljahren, Langzeitbehandlung: *Ferrum phosphoricum, Magnesium phosphoricum, Natrium chloratum*
- bei fiebrigen Krankheiten: *Ferrum phosphoricum, Kalium phosphoricum, Kalium sulfuricum*
- von Verdauungsbeschwerden (nach zu schwerem Essen): *Natrium phosphoricum*
- sehr starke Schweißabsonderung am Tag: *Natrium chloratum, Calcium phosphoricum, Kalium phosphoricum*
- Nachtschweiß: *Natrium chloratum, Silicea, Calcium phosphoricum*
- sauer riechende Schweißabsonderung: *Natrium phosphoricum*

Hitzschlag

- leichte Beschwerden: *Natrium chloratum, Ferrum phosphoricum*
- mit Fieber: *Ferrum phosphoricum, Kalium phosphoricum, Silicea* (bei gleichzeitigem Sonnenbrand *Silicea*-Tabletten und -Salbe)

Hoden

- Hodenbruch: *Calcium fluoratum, Silicea*
- Hodenentzündung: *Ferrum phosphoricum, Kalium chloratum*
- Hodenvergrößerung und -verhärtung: *Calcium fluoratum, Kalium chloratum, Silicea*

Hornhaut

- an Händen und Füßen: *Calcium fluoratum* (Tabletten und Salbe)

Hühneraugen

- *Calcium fluoratum, Kalium chloratum, Silicea* (Tabletten und Salben)

Hungergefühl

- nach dem Essen: *Kalium phosphoricum*
- Essen verursacht Unwohlsein: *Calcium phosphoricum*
- Appetit nicht befriedigt: *Kalium phosphoricum*

Husten

- hart, trocken, schmerzhaft: *Ferrum phosphoricum*

- von den Bronchien: *Arsenum jodatum* (E), *Calcium carbonicum* (E),
- mit weißgrauem Zungenbelag: *Kalium chloratum*
- mit gelbem Auswurf, schlechter in geheizten Räumen und am Abend: *Kalium sulfuricum*
- hartnäckig, schmerzend, krampfartig: *Magnesium phosphoricum*
- Reizhusten: *Magnesium phosphoricum, Kalium bromatum* (E)
- locker, mit dünnem, wäßrigem Auswurf: *Calcium sulfuricum, Ferrum phosphoricum*
- locker, mit gelbgrünlichem, zähem Auswurf: *Kalium sulfuricum, Silicea*

Hypertonie und Hypotonie (siehe Blut, Blutdruck)

Hysterie

- Langzeitbehandlung: *Magnesium phosphoricum, Kalium phosphoricum, Natrium phosphoricum, Silicea*

Impfungen

- Vorbeugung von Folgeschäden: *Silicea, Kalium chloratum, Kalium phosphoricum* (etwa 4 Wochen vor Impfung beginnen und zur Nachbehandlung)

Immunsystem

- Abwehrschwäche durch Übersäuerung, zur Entgiftung: *Natrium phosphoricum, Kalium chloratum, Natrium sulfuricum*
- Aufbau und Stabilisierung: *Calcium phosphoricum,*

Ferrum phosphoricum, Natrium phosphoricum, Kalium sulfuricum, Zincum chloratum (E), *Silicea*

Infektionskrankheiten (siehe auch Erkältungen, Darm)
- mit Fieber: *Ferrum phosphoricum, Kalium chloratum, Kalium sulfuricum*
- im Magen-Darm-Bereich: *Kalium chloratum, Natrium phosphoricum, Natrium sulfuricum, Magnesium phosphoricum*

Influenza (siehe Grippe, grippaler Infekt)

Inkontinenz (siehe Blase)

Insektenstiche
- bei Schwellung: *Natrium chloratum, Kalium chloratum* (Tabletten einnehmen sowie äußerlich auftragen; auch *Natrium-chloratum*-Salbe kann angewendet werden (siehe »Äußere Anwendungen«, Seite 149)
- Vorbeugung von Blutvergiftung: *Kalium phosphoricum, Ferrum phosphoricum*

Ischias
- chronisch, Langzeitbehandlung: *Calcium phosphoricum, Magnesium phosphoricum, Cuprum arsenicosum* (E), *Silicea*
- akut mit starken Schmerzen und Entzündung: *Ferrum phosphoricum, Magnesium phosphoricum* (Tabletten, »heiße Sieben« und Salbe)

- mit nervlicher Erschöpfung und Rastlosigkeit: *Kalium phosphoricum, Magnesium phosphoricum*
- nächtliche Schmerzen in der Hüfte: *Calcium phosphoricum, Kalium phosphoricum*
- Schmerzen beim Aufstehen oder Drehen im Bett: *Natrium sulfuricum*

  (siehe auch Mineralsalz-Kombination A)

Juckreiz

- durch Übersäuerung: *Natrium phosphoricum, Silicea*
- durch Hautaffektionen: *Natrium phosphoricum, Kalium arsenicosum* (E)
- von Gallenleiden: *Natrium sulfuricum*
- bei trockener, schuppiger Haut: *Natrium chloratum, Calcium phosphoricum, Silicea*

(bei allen Erkrankungen Tabletten und Salben)

Kältegefühl

- an Händen und Füßen sowie am Rücken: *Natrium chloratum, Calcium phosphoricum, Silicea*

Karbunkel

- verhärtet: *Calcium fluoratum, Kalium phosphoricum*
- bei Eiterbildung: *Calcium sulfuricum, Silicea* (Tabletten und Salben)

Karies

- Vorbeugung und Erhaltung gesunder Zähne: *Calcium fluoratum, Calcium phosphoricum, Natrium chloratum, Silicea*

Katarrh (siehe auch Erkältungen, Schnupfen)
- akut: *Ferrum phosphoricum, Natrium chloratum*
- chronisch: *Kalium sulfuricum, Calcium sulfuricum*

Kehlkopfentzündung (siehe Heiserkeit)

Keuchhusten (siehe auch »Biochemische Behandlungen für Kinder«, Seite 159)*
- bei Auftreten der ersten Symptome: *Ferrum phosphoricum, Magnesium phosphoricum* (»heiße Sieben«)
- bei dickem, weißem Auswurf: *Kalium chloratum*
- bei eiweißartigem Auswurf und bei schwachen, nervösen Kindern: *Calcium phosphoricum, Kalium phosphoricum*
- bei gelbem Auswurf: *Kalium sulfuricum, Silicea*

Kieferhöhleneiterung
- im ersten Entzündungsstadium: *Ferrum phosphoricum*
- bei Eiterbildung: *Kalium phosphoricum, Kalium sulfuricum, Calcium sulfuricum, Silicea*
- chronisch: *Kalium chloratum, Kalium sulfuricum, Calcium sulfuricum*
- Stärkung der Kieferknochen: *Calcium fluoratum, Silicea*

Knochen
- Aufbau, auch bei Kindern: *Calcium fluoratum, Calcium phosphoricum, Magnesium phosphoricum*

- Auswüchse, Überbein: *Calcium fluoratum, Silicea*
- schwach, brüchig: *Calcium fluoratum, Calcium phosphoricum, Magnesium phosphoricum*
- Eiterung: *Calcium fluoratum, Calcium phosphoricum, Calcium sulfuricum, Kalium chloratum, Natrium chloratum, Silicea*
- Erweichung (Rachitis): *Calcium fluoratum, Calcium phosphoricum, Natrium chloratum*
- Knochenbrüche: *Calcium fluoratum, Calcium phosphoricum, Ferrum phosphoricum, Silicea*
- Beschwerden an alten Bruchstellen: *Calcium fluoratum, Magnesium phosphoricum, Silicea* (Tabletten und Salben)
- Knochenmark- und Knochenhautentzündung: *Ferrum phosphoricum, Kalium phosphoricum, Kalium chloratum, Calcium phosphoricum*
- mit Eiterung: *Calcium sulfuricum, Silicea, Natrium sulfuricum*
- mit Schwellung: *Kalium chloratum, Calcium fluoratum, Calcium phosphoricum*
- mit Hitzestau: *Ferrum phosphoricum, Natrium chloratum, Calcium fluoratum*

Knorpel

- Aufbau: *Kalium phosphoricum, Natrium chloratum, Silicea*
- Entzündung: *Ferrum phosphoricum, Calcium fluoratum, Natrium chloratum*
- Geschwür: *Calcium fluoratum, Kalium phosphoricum, Natrium chloratum, Silicea*

- Verletzung: *Ferrum phosphoricum, Natrium chloratum, Calcium fluoratum*

*Koliken**

- bei ersten Anzeichen und bei starken Schmerzen: *Magnesium phosphoricum* (»heiße Sieben«), *Cuprum arsenicosum* (E)
- mit saurem Aufstoßen: *Natrium phosphoricum, Magnesium phosphoricum*
- mit Blähungen: *Natrium sulfuricum, Natrium phosphoricum*
- Bauchkrämpfe bei Säuglingen und Kleinkindern: *Magnesium phosphoricum* (»heiße Sieben« und leichte Massage mit Salbe), *Natrium phosphoricum*

(bei allen Beschwerden siehe auch Mineralsalz-Kombination E)

Konzentrationsmangel

- *Calcium fluoratum, Ferrum phosphoricum, Kalium phosphoricum, Kalium jodatum* (E)
- durch Nervosität: *Zincum chloratum* (E), *Magnesium phosphoricum*

Kopf, Kopfschmerzen (siehe auch Mineralsalz-Kombination F)

- Kältegefühl: *Natrium chloratum*
- Kopfhaut mit gelben Krusten: *Calcium sulfuricum*
- Schuppen: *Natrium chloratum, Kalium sulfuricum*
- Knötchen mit Haarausfall: *Silicea, Kalium phosphoricum*

- Bläschen mit wäßrigem Inhalt: *Natrium chloratum, Silicea*
- Haarboden schmerzt beim Kämmen: *Ferrum phosphoricum*
- Geschwüre: *Calcium phosphoricum, Kalium chloratum*
- Schweißabsonderung am Kopf bei Kindern: *Calcium phosphoricum, Silicea*
- Zittern und Schweregefühl: *Calcium phosphoricum, Magnesium phosphoricum, Kalium phosphoricum*
- Schwindelgefühl mit Übelkeit: *Natrium phosphoricum*
- Migräne*: *Kalium chloratum, Natrium sulfuricum, Natrium phosphoricum, Kalium phosphoricum, Zincum chloratum* E)
- Kopfschmerzen, begleitet von:
  - Erkältung: *Ferrum phosphoricum, Kalium chloratum*
  - Übelkeit und bitterem Geschmack: *Natrium sulfuricum*
  - kalten Schauern am Rücken: *Magnesium phosphoricum*
  - Konfusion und Nervosität: *Kalium phosphoricum*
  - Verstopfung: *Natrium chloratum, Kalium chloratum*
  - Schwindelgefühl: *Natrium sulfuricum*
  - Schläfrigkeit: *Natrium chloratum*
- dumpf, schwer, hämmernd: *Ferrum phosphoricum, Natrium chloratum*
- Unfähigkeit zum Denken und zur Konzentration: *Kalium phosphoricum, Zincum chloratum* (E)

- krampfartiges Auftreten: *Magnesium phosphoricum, Zincum chloratum* (E)
- allgemeine Schwäche: *Kalium phosphoricum, Calcium phosphoricum*
- Schmerzen in den Schläfen: *Ferrum phosphoricum, Natrium phosphoricum*
- Schmerzen über den Augen: *Ferrum phosphoricum*
- Magenschmerzen: *Natrium phosphoricum*
- stechender, einschießender Schmerz: *Magnesium phosphoricum*
- Schmerzen vom Nacken zum Hinterkopf: *Natrium chloratum, Magnesium phosphoricum*
- Neuralgie: *Kalium phosphoricum, Magnesium phosphoricum*
- Ohrgeräuschen: *Kalium phosphoricum, Ferrum phosphoricum*
- mentale Überanstrengung und zuwenig Schlaf: *Kalium phosphoricum, Calcium phosphoricum*
- weinerliche Stimmung: *Kalium phosphoricum*
- unerfrischender Schlaf: *Natrium chloratum, Magnesium phosphoricum*
- Erbrechen: *Natrium phosphoricum*
- Stirnkopfschmerz: *Natrium phosphoricum*
- Kopfschmerzen in der Pubertät: *Natrium chloratum, Calcium phosphoricum*
- Rheuma, verschlimmert sich am Abend: *Kalium sulfuricum*
- Kopfschmerzen bei Kindern: *Ferrum phosphoricum, Kalium phosphoricum*

Kraftlosigkeit

- Unlust, allgemeine Schwäche: *Kalium phosphoricum, Magnesium phosphoricum, Natrium chloratum, Silicea*
- zur Entsäuerung des Blutes: *Natrium phosphoricum, Natrium sulfuricum, Kalium chloratum, Silicea*

Krämpfe

- mit starken Schmerzen: *Magnesium phosphoricum* (»heiße Sieben«), *Cuprum arsenicosum* (E)
- mit Taubheits- und Kältegefühl in den Gliedern: *Magnesium phosphoricum, Calcium phosphoricum*
- Waden- und Fußkrämpfe, häufig nachts auftretend: *Silicea, Calcium phosphoricum*
- nervöse Zuckungen: *Magnesium phosphoricum, Calcium phosphoricum, Cuprum arsenicosum* (E)
- Bauchkrämpfe bei Kindern (besonders beim Zahnen): *Calcium phosphoricum, Magnesium phosphoricum, Silicea*

Krampfadern

- Venenentzündung: *Ferrum phosphoricum, Calcium fluoratum*
- blutende Adern: *Ferrum phosphoricum, Calcium fluoratum, Calcium phosphoricum, Silicea*
- Geschwüre: *Kalium chloratum, Calcium fluoratum, Silicea*
- Schmerzen: *Magnesium phosphoricum, Calcium fluoratum* (Tabletten und Salben)
- Vorbeugung und Heilung: *Calcium fluoratum, Calci-*

um phosphoricum, Kalium chloratum, Silicea (Tabletten und Salben)

Krebs (begleitend zur ärztlichen Therapie)*

- zum Aufbau des Immunsystems und des Blutes: *Calcium fluoratum, Calcium phosphoricum, Calcium sulfuricum, Kalium phosphoricum, Natrium phosphoricum, Natrium chloratum, Silicea*

Kreislauf (siehe auch Blut, Blutdruck)

- Schwindel- und Ohnmachtsanfälle: *Kalium phosphoricum*
- Ohnmacht durch Angst und Schock: *Kalium phosphoricum*
- schlechte Durchblutung: *Kalium phosphoricum, Calcium phosphoricum, Manganum sulfuricum* (E)
- Hände und Füße kalt: *Calcium phosphoricum, Natrium chloratum* (Tabletten und Salben)
- Herzklopfen und Nervosität: *Kalium phosphoricum*
- Herzklopfen und Völlegefühl: *Natrium phosphoricum*
- Herzklopfen bei Entzündungen: *Ferrum phosphoricum*
- Puls schwach, unregelmäßig: *Kalium phosphoricum, Kalium sulfuricum*
- zu schneller Puls: *Ferrum phosphoricum* (meist bei Entzündung)
- Pulsschlag im ganzen Körper zu spüren: *Natrium chloratum, Magnesium phosphoricum, Kalium phosphoricum*
- Überdehnung von Venen und Adern: *Calcium fluoratum, Ferrum phosphoricum*

Kribbeln

- in den Gliedern: *Calcium phosphoricum, Natrium sulfuricum, Magnesium phosphoricum* (Tabletten und Salben)

*Kropf**

- mit nervösem Zustand: *Magnesium phosphoricum* (»heiße Sieben«), *Kalium jodatum* (E), *Kalium bromatum* (E)
- hart, knotig: *Calcium fluoratum* (Tabletten und Salbe)

Krupphusten (siehe auch Husten)*

- mit hohem Fieber: *Kalium phosphoricum, Natrium chloratum, Magnesium phosphoricum*
- nervös, schnelle Atmung: *Magnesium phosphoricum, Calcium phosphoricum*
- Pseudokrupp: *Kalium phosphoricum, Kalium chloratum, Silicea*

Kurzsichtigkeit (siehe auch Augen)

- *Calcium fluoratum, Calcium carbonicum* (E), *Silicea*

Lähmungen

- mit Taubheitsgefühl: *Calcium phosphoricum*
- nach Krämpfen: *Cuprum arsenicosum* (E), *Kalium phosphoricum*
- nach Schlaganfall: *Calcium phosphoricum, Ferrum phosphoricum, Kalium phosphoricum, Kalium arsenicosum* (E)
- zur Vorbeugung: *Calcium phosphoricum, Magnesium*

phosphoricum, Kalium phosphoricum, Natrium chloratum

Lampenfieber

- *Magnesium phosphoricum, Kalium phosphoricum*

Lebensüberdruß (siehe auch Depressionen)

- mit Zukunftsangst: *Calcium phosphoricum*
- depressive Stimmung: *Kalium phosphoricum, Calcium phosphoricum, Natrium chloratum, Lithium chloratum*
- Mutlosigkeit: *Natrium sulfuricum, Lithium chloratum*
- Wein- oder Lachkrämpfe: *Kalium phosphoricum*
- Heimweh, Melancholie: *Kalium phosphoricum, Natrium chloratum*
- Schlaflosigkeit durch Depression: *Kalium phosphoricum, Zincum chloratum* (E)
- beängstigende, negative Gedanken: *Kalium phosphoricum, Lithium chloratum*

Leber

- Abszeß*: *Calcium sulfuricum, Silicea*
- Entzündung: *Ferrum phosphoricum*
- Entzündung mit höherem Fieber: *Ferrum phosphoricum, Kalium phosphoricum, Natrium sulfuricum*
- Entgiftung und Ausscheidung: *Natrium sulfuricum*
- Leberschrumpfung: *Natrium sulfuricum, Calcium sulfuricum, Kalium sulfuricum*
- Leberschwellung: *Kalium chloratum, Kalium sulfuricum, Natrium sulfuricum*
- Stärkung der Leber bei allgemeiner Schwäche und

Störungen: *Natrium sulfuricum, Kalium sulfuricum, Magnesium phosphoricum*
- Leberverhärtung: *Calcium fluoratum, Magnesium phosphoricum*
- Wanderleber: *Calcium fluoratum* (siehe auch Mineralsalz-Kombination S)

Leistenbruch
- Vorbeugung: *Calcium fluoratum, Calcium phosphoricum, Silicea* (Tabletten und Salben)

Lernfähigkeit (siehe »Biochemische Behandlungen für Kinder«, Seite 159)

*Leukämie**
- unterstützend zu anderen Behandlungen: *Calcium phosphoricum, Ferrum phosphoricum, Kalium chloratum, Natrium phosphoricum, Natrium sulfuricum*

Lidrandentzündung (siehe auch Augen)
- entzündlich gerötet: *Ferrum phosphoricum* (Tabletten und Salbe)
- verklebt von Absonderungen: *Natrium phosphoricum, Kalium sulfuricum*
- eitrige Absonderung, Verkrustungen: *Silicea* (Tabletten und Salbe)

Lippen
- Fieberbläschen, Herpes simplex: *Ferrum phosphoricum, Kalium chloratum*

- rauh, rissig, trocken: *Natrium chloratum, Calcium fluoratum, Silicea* (Tabletten und Salbe)

Lungen

- Entzündung* mit Fieber bis 38,5 °Celsius: *Ferrum phosphoricum*
- Entzündung* mit Fieber über 38,5 °Celsius: *Ferrum phosphoricum, Kalium phosphoricum, Kalium chloratum*
- Lungenabszeß*: *Calcium sulfuricum, Silicea, Arsenum jodatum* (E)
- Lungenödem*: *Natrium chloratum, Natrium sulfuricum, Kalium phosphoricum, Silicea*
- Blutungen aus der Lunge*: *Calcium phosphoricum, Ferrum phosphoricum*
- Stärkung in der Rekonvaleszenz: *Calcium phosphoricum, Kalium phosphoricum, Ferrum phosphoricum, Arsenum jodatum* (E), *Silicea*
- Lungentuberkulose*: *Arsenum jodatum* (E), *Ferrum phosphoricum, Silicea, Kalium jodatum* (E)
- Hüsteln: *Calcium phosphoricum, Ferrum phosphoricum, Manganum sulfuricum* (E)

Lymphdrüsen

- Schwellung: *Calcium phosphoricum, Kalium chloratum, Arsenum jodatum* (E)
- Schwellung mit Fieber: *Ferrum phosphoricum, Calcium phosphoricum, Kalium phosphoricum, Arsenum jodatum* (E)
- Verhärtung: *Calcium fluoratum, Silicea*
- Entzündung: *Ferrum phosphoricum, Kalium chlora-*

tum, Kalium sulfuricum, Magnesium phosphoricum

- Eiterungen: *Calcium sulfuricum, Silicea* (Tabletten und Salbe)

Madenwürmer (siehe Würmer)

Magen (siehe auch Mineralsalz-Kombinationen E und S)

- Magenschleimhautentzündung* (Gastritis) mit Schmerzen, Verdauungsstörungen und heißem, gerötetem Gesicht: *Ferrum phosphoricum, Magnesium phosphoricum*
- Magenschleimhautentzündung* mit goldgelbem Belag auf der Zunge und Schmerzen: *Kalium sulfuricum, Cuprum arsenicosum* (E)
- Magenschleimhautentzündung*, chronisch: *Kalium chloratum, Kalium sulfuricum*
- Magengeschwür*: *Kalium phosphoricum, Natrium chloratum, Natrium phosphoricum, Magnesium phosphoricum, Silicea*
- kolikartige Magenschmerzen, häufiges Rülpsen: *Magnesium phosphoricum*
- Magenbeschwerden, Zunge weißgrau belegt, schlechte Verdauung und Übelkeit nach fettem Essen: *Kalium chloratum, Ferrum phosphoricum*
- Magenbeschwerden mit saurem Aufstoßen: *Natrium phosphoricum, Calcium phosphoricum*
- Magenbeschwerden von Streß und nervlicher Überlastung: *Magnesium phosphoricum, Kalium phosphoricum*

- Magenblutungen*: *Ferrum phosphoricum, Calcium phosphoricum, Kalium phosphoricum*
- Hungergefühl nach dem Essen, nervöser Zustand: *Kalium phosphoricum*
- Verlangen nach salzigem Essen: *Natrium chloratum*
- Beschwerden nach fettigem Essen: *Kalium chloratum, Natrium phosphoricum*
- Völlegefühl: *Kalium sulfuricum, Calcium phosphoricum*
- Sodbrennen: *Silicea, Natrium phosphoricum, Calcium phosphoricum*
- Übelkeit, Brechreiz, bedrängendes Gefühl am Herzen: *Kalium phosphoricum, Natrium phosphoricum*
- Übelkeit am Morgen bei Schwangeren: *Natrium phosphoricum*
- Magenerweiterung und -senkung: *Calcium fluoratum, Kalium phosphoricum*
- Aufstoßen und Erbrechen von Galle: *Natrium sulfuricum*
- bitterer Geschmack im Mund: *Natrium sulfuricum*
- Übersäuerung des Magens: *Natrium phosphoricum, Magnesium phosphoricum*
- zuwenig Magensäure: *Natrium chloratum*
- exzessive Speichelbildung: *Natrium chloratum*

*Malaria**

- *Natrium sulfuricum* ist das wichtigste Mineralsalz bei allen Formen der Malaria. Es sollte zur Reduzierung von Anfällen und für besseres Wohlbefinden ständig eingenommen werden

- bei galligen Stühlen, schmutzig graugrünem Belag auf der Zunge, bitterem Erbrechen: *Natrium sulfuricum*
- bei Fieber und Erbrechen unverdauter Nahrung: *Ferrum phosphoricum*
- bei anämischem Zustand nach einem Anfall: *Calcium phosphoricum*

Mandeln (siehe auch Hals)
- Mandelabszeß, erstes Entzündungsstadium: *Ferrum phosphoricum, Kalium jodatum*
- im weiteren Verlauf und bei Eiterbildung: *Ferrum phosphoricum, Calcium sulfuricum, Silicea*
- bei Fieber über 38,5 °Celsius und Schwellung: *Kalium phosphoricum, Kalium chloratum, Calcium fluoratum*
- akute Mandelentzündung: *Ferrum phosphoricum, Silicea, Calcium sulfuricum*
- chronische Mandelentzündung: *Kalium sulfuricum, Calcium sulfuricum, Magnesium phosphoricum*
- verhärtete Mandeln: *Calcium fluoratum*
- Mandelvergrößerung: *Kalium chloratum, Calcium fluoratum, Magnesium phosphoricum, Ferrum phosphoricum*

Masern (siehe auch »Biochemische Behandlungen für Kinder«, Seite 159)
- Masern, die nicht richtig ausbrechen wollen: *Kalium sulfuricum* (der Ausbruch ist für den Aufbau des Immunsystems äußerst wichtig!)

Menstruation

- mit ziehenden Unterleibs- und Gebärmutterschmerzen: *Calcium fluoratum, Magnesium phosphoricum* (»heiße Sieben«)
- wehenähnliche, krampfartige Schmerzen: *Magnesium phosphoricum, Calcium phosphoricum*
- eisige Kälte am ganzen Körper: *Silicea*
- kalte Extremitäten: *Ferrum phosphoricum, Calcium phosphoricum*
- Verstopfung: *Natrium sulfuricum, Silicea*
- Durchfall am Morgen: *Natrium sulfuricum*
- gerötetes Gesicht: *Ferrum phosphoricum, Calcium phosphoricum*
- Kolik: *Kalium phosphoricum, Magnesium phosphoricum* (»heiße Sieben«), *Natrium sulfuricum*
- Nervosität und Hysterie: *Kalium phosphoricum*
- Traurigkeit und häufiges Weinen: *Natrium chloratum*
- Blutung braucht lange, bis sie einsetzt, und verursacht Schmerzen (z. B. bei Sportlerinnen mit starker Muskulatur): *Magnesium phosphoricum* (»heiße Sieben«), *Ferrum phosphoricum*
- zu starke Blutung: *Silicea, Ferrum phosphoricum*
- zu schwache Blutung: *Kalium chloratum, Natrium chloratum*
- zu häufige Menstruation: *Calcium phosphoricum, Kalium chloratum*
- zu späte und unregelmäßige Menstruation: *Natrium chloratum, Kalium sulfuricum, Kalium phosphoricum*
- sauerriechende Absonderung: *Natrium phosphoricum*
- übelriechende Absonderung: *Kalium phosphoricum*

- Blut ist dunkel und klumpig: *Kalium chloratum, Kalium phosphoricum*
- Blut ist hell und wäßrig: *Natrium chloratum, Kalium phosphoricum*
- bei blassen, nervösen, sensiblen Frauen: *Kalium phosphoricum, Ferrum phosphoricum*

Migräne (siehe auch Kopf, Kopfschmerzen)

- zur Langzeitbehandlung: *Ferrum phosphoricum, Kalium sulfuricum, Calcium sulfuricum, Silicea*
- dumpfe, schwere Kopfschmerzen mit Schläfrigkeit, Schlaf erfrischt nicht: *Natrium chloratum, Ferrum phosphoricum*
- schwere Kopfschmerzen mit Übelkeit, Brechreiz und bitterem Geschmack: *Natrium sulfuricum, Natrium phosphoricum, Zincum chloratum* (E)
- bei Kreislaufstörungen und starker Nervosität: *Kalium phosphoricum, Ferrum phosphoricum, Magnesium phosphoricum*

Milchschorf

- *Natrium phosphoricum, Calcium phosphoricum, Silicea* (Tabletten und Salben)

Milz

- Seitenstechen: *Magnesium phosphoricum* (»heiße Sieben«)
- Beschwerden mit Schmerzen: *Kalium phosphoricum, Natrium chloratum*
- Milzverhärtung: *Calcium fluoratum, Silicea*

Mitesser (siehe auch Akne)

- bei fettiger Haut und erweiterten Poren: *Natrium phosphoricum, Silicea* (Tabletten und Salben)

Mittelohrentzündung (siehe auch Entzündungen und Ohren)

- erste Anzeichen, auch mit Schnupfen: *Ferrum phosphoricum, Natrium chloratum*
- mit Schmerzen: *Ferrum phosphoricum, Kalium chloratum, Calcium sulfuricum*
- mit eitriger Absonderung: *Natrium phosphoricum, Silicea*

Mondfühligkeit

- *Calcium phosphoricum, Kalium phosphoricum, Silicea*

Müdigkeit

- ständige Müdigkeit, Abgeschlagenheit: *Natrium chloratum, Natrium phosphoricum*
- durch unerfrischenden oder zuwenig Schlaf: *Kalium phosphoricum*
- durch schlechte Verdauung: *Natrium sulfuricum, Natrium phosphoricum*

Multiple Sklerose

- begleitend zu anderen Behandlungen: *Calcium fluoratum, Calcium phosphoricum, Kalium phosphoricum, Magnesium phosphoricum, Natrium chloratum*

Mumps (siehe auch »Biochemische Behandlungen für Kinder«, Seite 159)*

- im ersten Stadium mit Fieber: *Ferrum phosphoricum, Kalium chloratum*
- bei Drüsenschwellung und Schluckbeschwerden: *Kalium chloratum;* bei eitrigen Absonderungen aus dem Rachenraum zusätzlich: *Calcium sulfuricum, Silicea*
- bei Verhärtung der Drüsen: *Calcium fluoratum, Silicea*
- zur Nachbehandlung und zum Kräfteaufbau: *Calcium phosphoricum, Silicea*

Mund (siehe auch Lippen, Zunge)

- saurer Geschmack: *Natrium phosphoricum*
- bitterer Geschmack: *Natrium sulfuricum*
- schlechter Geschmack am Morgen: *Calcium phosphoricum*
- ekelerregender Mundgeruch: *Kalium phosphoricum, Natrium phosphoricum, Calcium carbonicum* (E)
- aufgesprungene, rissige Lippen oder Mundwinkel: *Calcium fluoratum, Silicea*
- trockene Lippen, Hautfetzen lösen sich: *Kalium phosphoricum, Natrium chloratum*
- Gaumen heiß, geschwollen, entzündet: *Ferrum phosphoricum*
- Gaumen und Drüsen geschwollen: *Kalium chloratum*
- Drüsen unter der Zunge geschwollen: *Natrium chloratum*
- Entzündung der Speicheldrüsen und exzessive Spei-

chelabsonderung: *Natrium chloratum, Kalium chloratum*

- unsicheres Sprechen, Stammeln, Stottern: *Magnesium phosphoricum*
- zu langsames Sprechen: *Magnesium phosphoricum*
- Geschwüre im Mund: *Kalium phosphoricum*
- Zwang zu ständigem Räuspern: *Natrium sulfuricum*
- Zwang zu ständigem Ausspucken von Schleim: *Natrium chloratum, Natrium sulfuricum*
- Zuckungen am Mund: *Magnesium phosphoricum*
- Mundfäule (Aphthen), entzündlich, mit Bläschen: *Ferrum phosphoricum, Kalium chloratum, Kalium phosphoricum*
- Mundschleimhautentzündung: *Ferrum phosphoricum, Kalium phosphoricum*

Muskeln

- Muskelverhärtung: *Calcium fluoratum, Natrium chloratum*
- Muskelkrämpfe: *Magnesium phosphoricum, Calcium phosphoricum*
- Muskelriß*: *Calcium fluoratum, Calcium phosphoricum, Ferrum phosphoricum*
- Muskelentzündung*: *Ferrum phosphoricum, Calcium phosphoricum*
- Muskelerschlaffung: *Calcium fluoratum, Ferrum phosphoricum*
- Muskelschwäche: *Ferrum phosphoricum, Kalium phosphoricum, Kalium sulfuricum, Natrium chloratum*

- Muskelschwund*: *Calcium phosphoricum, Kalium phosphoricum, Silicea*
- Zerrung, Überdehnung*: *Calcium fluoratum, Silicea*
- Muskellähmung: *Kalium phosphoricum*
- Muskelkater: *Magnesium phosphoricum, Kalium phosphoricum*
- Muskelrheuma*: *Ferrum phosphoricum, Kalium chloratum;* bei schießenden, wandernden Schmerzen: *Magnesium phosphoricum* (»heiße Sieben«); bei Schmerzen mit Kribbeln, Kälte- und Taubheitsgefühl, vor allem nachts und bei Ruhe: *Calcium phosphoricum*

(bei allen Muskelbeschwerden können Tabletten und Salben angewendet werden; siehe auch »Äußere Anwendungen«, Seite 149)

*Myom**

- *Calcium fluoratum, Kalium chloratum*

*Nabelbruch**

- *Calcium fluoratum, Ferrum phosphoricum, Silicea*

Nachtschweiß

- sauer riechend: *Natrium phosphoricum, Silicea*
- färbt Wäsche grünlich-gelb: *Natrium sulfuricum*
- Wäsche durchnässend: *Natrium chloratum, Magnesium phosphoricum*

Nacken

- Nackenschmerzen durch Verspannung und Streß:

Magnesium phosphoricum, Calcium fluoratum, Calcium phosphoricum
- Schmerzen an Sehnen und Nervenbahnen (neuralgisch): *Magnesium phosphoricum, Kalium phosphoricum*
- Schmerzen durch Entzündung, Fieber und Zugluft: *Ferrum phosphoricum, Magnesium phosphoricum, Calcium phosphoricum*

Nägel
- brüchig, gespalten oder verformt: *Calcium fluoratum, Silicea*
- eingewachsen: *Kalium chloratum*
- bei Entzündung und Eiterbildung: *Ferrum phosphoricum, Calcium sulfuricum, Silicea*

(bei allen Beschwerden Tabletten und Salben anwenden)

Narben
- zur Heilung frischer Narben: *Ferrum phosphoricum, Kalium chloratum, Silicea*
- zur Verflachung, auch bei älteren härteren Narben: *Calcium fluoratum, Silicea*

Nase
- Nasenbluten: *Ferrum phosphoricum, Silicea*
- Nasenbluten mit dünnem, schwärzlichem Blut: *Kalium phosphoricum, Natrium chloratum*
- Nasenbluten mit wäßrigem, hellem Blut bei Anämie: *Natrium chloratum, Silicea, Calcium phosphoricum*

- Nasenbluten während der Menstruation: *Natrium sulfuricum*
- Nasenbluten im Alter: *Calcium fluoratum, Silicea*
- Nasenjucken mit geröteter Spitze: *Silicea*
- Nasenjucken bei Übersäuerung oder Würmern: *Natrium phosphoricum*
- Katarrh, akut und chronisch, mit grüngelber Absonderung: *Ferrum phosphoricum, Kalium sulfuricum*
- Katarrh, mit weißer, zäher Absonderung, Husten und Zwang zu ständigem Ausspucken und Räuspern: *Calcium phosphoricum, Manganum sulfuricum* (E)
- Katarrh, trocken, verstopft: *Kalium chloratum*
- wäßrige Absonderung, häufiges Niesen: *Natrium chloratum*
- klumpige, grüne Absonderung: *Calcium fluoratum, Silicea*
- Heuschnupfen und häufiges Niesen (auch allergisch): *Natrium chloratum, Calcium phosphoricum, Silicea, Arsenum jodatum* (E)
- entzündliche Röte, andauernd oder sporadisch, meist bei Erregung auftretend, »Säufernase«: *Natrium sulfuricum*
- Geruchsverlust durch Erkältung: *Natrium chloratum*
- Geruchsverlust oder Veränderung des Geruchsempfindens, nicht durch Erkältungen verursacht: *Magnesium phosphoricum*
- Schnupfen, der nie ganz verschwindet, chronisch: *Calcium phosphoricum, Natrium chloratum, Silicea*
- Brennen und Jucken in der Nase: *Natrium sulfuricum*

- Krusten in der Nase, Nasenbohren: *Natrium phosphoricum, Natrium chloratum*
- Polypen, Schwellung: *Calcium phosphoricum, Kalium chloratum*
- verhärtete, gespaltene Polypen: *Calcium fluoratum*

Nebenhöhlen

- Entzündung: *Ferrum phosphoricum, Kalium chloratum, Kalium sulfuricum, Calcium carbonicum* (E)
- Eiterung: *Kalium chloratum, Calcium sulfuricum, Silicea*
- nach Abklingen, in der Rekonvaleszenz: *Calcium phosphoricum, Silicea*

Nerven

- ständig überreizt: *Magnesium phosphoricum, Kalium phosphoricum, Silicea, Zincum chloratum* (E)
- Beruhigung und Stärkung: *Kalium phosphoricum, Magnesium phosphoricum, Calcium phosphoricum*
- nervöse Erschöpfung: *Kalium phosphoricum, Calcium phosphoricum*
- Nervenentzündung, Anfangsstadium, auch bei Fieber: *Ferrum phosphoricum*; im anhaltenden Stadium: *Kalium phosphoricum, Magnesium phosphoricum, Silicea*
- Nervenschmerzen mit Fieber: *Ferrum phosphoricum, Kalium phosphoricum*
- Nervenschmerzen im Gesicht (Trigeminusnerv): *Magnesium phosphoricum, Kalium phosphoricum* (Tabletten und Salben)

- Lähmung: *Kalium phosphoricum, Magnesium phosphoricum*
- Unruhe in Händen und Füßen während des Schlafens: *Natrium sulfuricum*
- unkontrolliertes Bewegen der Hände: *Magnesium phosphoricum*
- Hysterie: *Kalium phosphoricum, Natrium chloratum, Kalium bromatum* (E)
- weinerliche Stimmung, Weinen bei geringem Anlaß: *Kalium phosphoricum*
- starke Nervosität, durch Streß verursacht: *Kalium phosphoricum, Calcium phosphoricum, Zincum chloratum* (E)
- Zittern, nervöse Zuckungen: *Magnesium phosphoricum, Kalium phosphoricum*
- nervöse Angstzustände, Schwäche, Überempfindlichkeit: *Kalium phosphoricum, Calcium phosphoricum, Silicea*

(siehe auch Mineralsalz-Kombinationen A, B und F)

Nesselsucht

- sich häufig wiederholend, allergische Reaktionen: *Kalium sulfuricum, Calcium phosphoricum, Natrium chloratum*
- starker Juckreiz: *Calcium phosphoricum, Magnesium phosphoricum*
- mit Fieber: *Ferrum phosphoricum, Calcium phosphoricum*
- Haut trocken und schuppig: *Kalium sulfuricum*
- Haut schmerzt, mit Symptomen von Übersäuerung

und cremiger Absonderung: *Natrium phosphoricum, Silicea*

(bei allen Beschwerden können Tabletten und Salben angewendet werden; siehe auch Mineralsalz-Kombination D)

Neuralgien

- Schmerzen durch Zugluft, Erkältung, Fieber, Verletzung: *Ferrum phosphoricum, Magnesium phosphoricum*
- Schmerzen bei neurotischen, nervösen Menschen mit Depression, Schlaflosigkeit und Irritation: *Kalium phosphoricum, Cuprum arsenicosum* (E), *Magnesium phosphoricum*
- zur allgemeinen Verbesserung des Zustands: *Calcium phosphoricum*

(siehe auch Mineralsalz-Kombination A)

*Neurodermitis**

- *Natrium phosphoricum, Kalium chloratum, Kalium sulfuricum, Silicea* (Tabletten und Salben), *Arsenum jodatum*
- bei starkem Juckreiz: *Magnesium phosphoricum* (»heiße Sieben«), *Calcium phosphoricum* (Tabletten und Salben)

Nieren

- akute Nierenentzündung*, mit Fieber bis 38,5 °Celsius: *Ferrum phosphoricum, Natrium phosphoricum, Natrium sulfuricum*; mit Fieber über 38,5 °Celsius: zusätzlich *Kalium phosphoricum*

- chronische Nierenentzündung*: *Kalium sulfuricum, Natrium phosphoricum, Cuprum arsenicosum* (E); mit eitrigen Absonderungen: *Calcium sulfuricum, Silicea*
- Nierenbeckenentzündung*: *Ferrum phosphoricum, Kalium chloratum, Natrium sulfuricum, Natrium bicarbonicum* (E); bei Eiterentwicklung: zusätzlich *Calcium sulfuricum*
- Nierensteine*, Nierengrieß: *Natrium phosphoricum, Natrium sulfuricum, Magnesium phosphoricum, Cuprum arsenicosum* (E)
- Nierenkolik*: *Magnesium phosphoricum*
- brennender Schmerz in den Nieren: *Ferrum phosphoricum, Magnesium phosphoricum*
- Wanderniere, Nierenverhärtung: *Calcium fluoratum, Silicea*
- zur Stärkung und Entgiftung: *Kalium chloratum, Natrium sulfuricum, Natrium chloratum, Calcium sulfuricum*

Niesen (siehe Nase)

Ödem

- Wasseransammlung im Gewebe*: *Natrium chloratum, Kalium chloratum, Natrium sulfuricum*

Ohnmacht

- bei häufigerem Auftreten*, zur allgemeinen Verbesserung: *Kalium phosphoricum, Calcium phosphoricum, Kalium bromatum* (E)
- mit Krämpfen: *Magnesium phosphoricum*

Ohren

- das wichtigste Mittel bei Ohrenbeschwerden von Kindern: *Kalium sulfuricum*
- Mittelohrentzündung* mit Erkältung, Schnupfen, Schmerzen: Ferrum phosphoricum, Kalium phosphoricum
- chronische Mittelohrentzündung*, mit Schmerzen: *Magnesium phosphoricum, Kalium sulfuricum, Silicea*; mit eitrigen Absonderungen: zusätzlich *Calcium sulfuricum*
- irritierende Ohrgeräusche*: *Silicea, Natrium chloratum*
- Ohrgeräusche* bei älteren Menschen: *Kalium phosphoricum*
- Ohrgeräusche* wie fließendes Wasser: *Ferrum phosphoricum*
- knackende Ohrgeräusche, beim Naseschneuzen und Schlucken: *Kalium chloratum, Silicea*
- Ohrendruck, wie verstopft: *Natrium sulfuricum, Silicea*
- Ohrensausen: *Kalium jodatum* (E), *Kalium phosphoricum*
- Hörsturz (Tinnitus): *Kalium phosphoricum, Magnesium phosphoricum, Kalium jodatum* (E)
- Schmerzen von Entzündung: *Ferrum phosphoricum, Magnesium phosphoricum* (»heiße Sieben«)
- blitzartig auftretende Schmerzen: *Natrium sulfuricum, Magnesium phosphoricum*
- Schmerzen, mit Schwellung der Eustachischen Röhre, der Drüsen oder der Mandeln: *Kalium chloratum, Magnesium phosphoricum*

- Schwellung der Ohrspeicheldrüsen mit stechendem Schmerz: *Silicea*
- Abszeß, Furunkel im Ohr, stark entzündet: *Ferrum phosphoricum*; im fortschreitenden Stadium und bei Eiterbildung: *Calcium sulfuricum, Silicea*
- Hörschwierigkeiten, Nervosität: *Kalium phosphoricum*
- Hörschwierigkeiten, mit dicken, gelben Absonderungen: *Calcium sulfuricum*
- Schwerhörigkeit, Langzeitbehandlung: *Calcium fluoratum, Kalium chloratum, Natrium chloratum, Silicea*
- Absonderungen, mit Blut vermischt, faulig riechend, eitrig: *Kalium phosphoricum, Calcium sulfuricum*
- Absonderungen, bei Kindern mit schmerzenden Knochen rund um die Ohren, manchmal mit Schwellung: *Calcium phosphoricum*
- geschwollene, brennende, juckende Ohren: *Calcium phosphoricum*

*Osteoporose**
- als Dauerbehandlung zu anderen Therapien: *Calcium fluoratum, Calcium phosphoricum, Magnesium phosphoricum*
- Schmerzen: *Magnesium phosphoricum* (»heiße Sieben« und Salbe)

Parodontose (siehe auch Zähne)
- Zahnfleischschwund: *Calcium fluoratum, Calcium phosphoricum, Magnesium phosphoricum*

*Parkinsonsche Krankheit**
- als unterstützende Dauerbehandlung zu anderen Therapien: *Calcium phosphoricum, Zincum chloratum* (E), *Silicea*

Phantomschmerzen
- *Calcium fluoratum, Magnesium phosphoricum* (»heiße Sieben«), *Silicea* (Tabletten und Salben)

Phimose (Vorhautverengung)*
- kurz nach der Geburt: *Calcium fluoratum, Silicea* (Salben)

Pickel (siehe Haut)

Polyarthritis (siehe Arthritis)

Polypen (siehe auch Nase)
- alle Arten von Polypen: *Kalium chloratum, Calcium phosphoricum, Natrium phosphoricum, Silicea*

Prellungen
- frische Verletzung, gerötet: *Ferrum phosphoricum*
- Bluterguß: *Kalium chloratum, Calcium fluoratum, Silicea* (Tabletten und Salben)

Prostata
- Vergrößerung*: *Calcium fluoratum, Kalium chloratum, Natrium sulfuricum*
- Schmerzen*: *Magnesium phosphoricum, Natrium phosphoricum*

Pseudokrupp (siehe Krupphusten)

Psoriasis

- das wichtigste Mittel zur Linderung und Heilung: *Kalium sulfuricum*
- bei Schüben: *Kalium sulfuricum, Calcium carbonicum* (E), *Magnesium phosphoricum*
- Übersäuerung: *Natrium phosphoricum, Natrium sulfuricum, Silicea*

(bei allen Zuständen Tabletten und Salben)

Puls

- erhöht bei Fieber: *Calcium phosphoricum, Ferrum phosphoricum*
- unregelmäßig, zeitweilig aussetzend: *Kalium phosphoricum, Natrium chloratum*
- schwach, langsam: *Kalium phosphoricum, Ferrum phosphoricum*
- Pulsieren im ganzen Körper: *Natrium chloratum, Kalium phosphoricum*

Quaddeln

- gerötete Bläschen, mit wäßrigem Inhalt: *Natrium chloratum*
- bei Eiterbildung: *Calcium sulfuricum, Silicea*
- brennend: *Calcium phosphoricum*
- über den ganzen Körper, allergisch: *Natrium phosphoricum, Calcium phosphoricum*

(bei allen Beschwerden Tabletten und Salben)

Quetschungen (siehe auch Wunden)

- mit Bluterguß und Schwellung: *Calcium fluoratum, Kalium chloratum, Ferrum phosphoricum, Silicea* (Tabletten und Salben; siehe auch »Äußere Anwendungen«, Seite 149)
- offene Wunden: *Ferrum phosphoricum* (Tabletten innerlich und äußerlich)

Rachen (siehe Hals)

Rachitis

- Langzeitbehandlung, Aufbau und Stärkung der Knochen, begleitend zu anderen Therapien: *Calcium fluoratum, Calcium phosphoricum, Calcium carbonicum* (E), *Ferrum phosphoricum*

Rauchen

- Hilfe bei Entwöhnung: *Magnesium phosphoricum*
- unterstützend bei Entgiftungsvorgängen: *Kalium chloratum, Natrium chloratum, Natrium sulfuricum, Ferrum phosphoricum*

Räuspern (siehe Mund und Nase)

Reisekrankheit

- *Natrium chloratum, Natrium phosphoricum, Magnesium phosphoricum* (»heiße Sieben«)
- Jet-lag: *Kalium phosphoricum, Calcium phosphoricum, Silicea*

Reizbarkeit (siehe Nerven)

Rheumatismus

- zur Langzeitbehandlung: *Natrium phosphoricum, Natrium sulfuricum, Ferrum phosphoricum*
- als erstes Hilfemittel bei akuten Attacken: *Ferrum phosphoricum*
- Entgiftung bei Übersäuerung: *Natrium phosphoricum, Natrium sulfuricum, Natrium bicarbonicum* (E)
- Muskelrheumatismus, mit schießenden, stechenden, wandernden Schmerzen: *Kalium chloratum, Calcium phosphoricum, Magnesium phosphoricum* (»heiße Sieben«)
- Gelenkrheumatismus, mit starken Schmerzen, wandernd: *Ferrum phosphoricum, Magnesium phosphoricum* (»heiße Sieben«), *Silicea*
- bei Versteifung der Gelenke: *Calcium fluoratum, Lithium chloratum* (E), *Silicea*
- bei Gelenkschwellungen: *Kalium chloratum, Kalium jodatum* (E)

(siehe auch Mineralsalz-Kombination M; bei allen Beschwerden können Tabletten und Salben angewendet werden)

*Rippenfellentzündung**

- im ersten Entzündungsstadium: *Ferrum phosphoricum, Kalium chloratum*; im weiteren Verlauf zusätzlich: *Calcium sulfuricum, Silicea*

*Röteln**

- *Ferrum phosphoricum, Kalium phosphoricum, Natrium chloratum*

Rücken

- Rückgratkrümmungen*: *Calcium fluoratum, Calcium phosphoricum*
- Schmerzen* in Wirbelsäule, Bandscheiben und Hüftknochen: *Magnesium phosphoricum* (»heiße Sieben«), *Kalium phosphoricum*
- Langzeitbehandlung zur Regeneration: *Calcium fluoratum, Calcium phosphoricum, Kalium phosphoricum, Magnesium phosphoricum, Silicea*
- steifer Rücken und Nacken: *Ferrum phosphoricum, Magnesium phosphoricum* (»heiße Sieben«)
- Fibrositis, Schmerzen durch Verspannungen in den Schultern und im Rücken: *Ferrum phosphoricum, Magnesium phosphoricum* (»heiße Sieben«), *Kalium sulfuricum*
- neuralgische Schmerzen: *Ferrum phosphoricum, Magnesium phosphoricum* (»heiße Sieben«), *Cuprum arsenicosum* (E)
- rheumatische Schmerzen: *Kalium sulfuricum, Natrium phosphoricum, Silicea, Kalium jodatum* (E)
- Zerrungen durch Sport oder zu schweres Heben: *Ferrum phosphoricum, Magnesium phosphoricum* (»heiße Sieben«)
- Schmerzen vor und während der Menstruation: *Ferrum phosphoricum, Calcium phosphoricum, Magnesium phosphoricum*

(für alle Beschwerden können Tabletten und Salben angewendet werden; geeignet in fast allen Fällen ist die Mineralsalz-Kombination G)

Ruhr (siehe Darm)

Säuglinge (siehe auch »Biochemische Behandlungen für Kinder«, Seite 159)

- kolikartige Bauchkrämpfe: *Magnesium phosphoricum*
- Durchfall; die am häufigsten auftretenden Formen, die von schlechter Verdauung oder Unverträglichkeit der Nahrung herrühren, sind mit diesen Mitteln abgedeckt: *Ferrum phosphoricum, Calcium phosphoricum, Natrium phosphoricum*
- Durchfall, sauer riechend, grünlich, häufig während des Zahnens, jedoch auch bei Würmern: *Natrium phosphoricum*
- Erbrechen gleich nach der Nahrungsaufnahme: *Natrium phosphoricum*
- Vorbereitung und Nachbehandlung von Impfungen: *Kalium chloratum, Natrium sulfuricum, Silicea*
- Wundliegen, starke Rötung: *Natrium phosphoricum, Ferrum phosphoricum*; bei Eiterbildung zusätzlich: *Kalium phosphoricum, Silicea* (Tabletten und Salbe)
- Aufbau und Stärkung des gesamten Körpers (Magen-Darm-Trakt, Knochen, Zähne, Blut, Nervensystem): *Calcium phosphoricum*
- Erbrechen nach den Mahlzeiten: *Natrium phosphoricum, Kalium chloratum*

Scharlach (siehe »Biochemische Behandlungen für Kinder«, Seite 159)

Scheide

- gerötet, wund: *Ferrum phosphoricum*
- Schmerzen nach dem Wasserlassen: *Natrium chloratum*
- Absonderung, scharf, sauer riechend: *Natrium phosphoricum*
- Absonderung, cremig, gelb: *Natrium phosphoricum*
- Absonderung (Weißfluß): *Kalium chloratum, Calcium carbonicum* (E)
- Scheidenpilz*: *Natrium phosphoricum, Calcium phosphoricum* (Tabletten und Salben)
- Trockenheit der Schleimhaut: *Natrium chloratum* (Tabletten und Salbe)
- trockene, heiße Schleimhaut: *Ferrum phosphoricum, Natrium chloratum, Natrium phosphoricum*

Schielen (siehe auch Augen)

- Stärkung von Bändern und Muskeln: *Calcium fluoratum*
- Ermüdung der Augen: *Kalium phosphoricum, Natrium chloratum*
- zeitweiliges Schielen, krampfhaft: *Kalium phosphoricum, Magnesium phosphoricum*
- durch Wurmbefall: *Natrium phosphoricum*

Schilddrüse (siehe auch Basedowsche Krankheit)

- Drüsenschwellung: *Kalium chloratum, Calcium fluoratum* (Tabletten und Salben), *Kalium jodatum* (E)

- zur ausgleichenden Behandlung bei Unter- oder Überfunktion: *Magnesium phosphoricum, Kalium bromatum* (E), *Kalium jodatum* (E)

Schlafstörungen

- häufiges Aufwachen in der Nacht: *Calcium phosphoricum, Silicea*
- Einschlafstörungen durch Völlegefühl oder Verdauungsstörungen: *Natrium phosphoricum, Kalium sulfuricum*
- Einschlafstörungen, Herzklopfen, innere Unruhe: *Kalium phosphoricum* (4 Tabletten etwa 20 Minuten vor dem Schlafengehen nehmen) oder *Magnesium phosphoricum* (»heiße Sieben«), tagsüber *Calcium phosphoricum*
- Schlafstörungen mit Nachtschweiß durch Schwäche: *Calcium phosphoricum, Kalium phosphoricum, Silicea*
- Zuckungen, Kribbeln, Taubheitsgefühl*: *Calcium phosphoricum, Kalium phosphoricum, Silicea*
- Schlaflosigkeit in den Wechseljahren, Blutandrang zum Kopf: *Ferrum phosphoricum* (während des Tages, nicht am Abend nehmen), *Zincum chloratum* (E), *Kalium bromatum* (E), *Kalium phosphoricum* (4 Tabletten vor dem Schlafengehen nehmen)
- Schlafwandeln: *Calcium phosphoricum, Silicea, Zincum chloratum* (E)
- Kinder mit Schlafstörungen: siehe »Biochemische Behandlungen für Kinder«, Seite 159

Schlaganfall (Apoplexie)*

- als Sofortmaßnahme: *Ferrum phosphoricum*
- nach dem Anfall: *Ferrum phosphoricum, Silicea*; bei Lähmungen zusätzlich: *Kalium phosphoricum, Manganum sulfuricum* (E)
- bei krampfartigen Bewegungen oder Anfällen: *Magnesium phosphoricum*
- zur Vorbeugung: *Calcium fluoratum, Calcium phosphoricum, Ferrum phosphoricum*

Schleim (siehe Absonderungen)

Schleimbeutelentzündung

- *Ferrum phosphoricum, Kalium chloratum, Natrium chloratum, Silicea*

Schließmuskelschwäche

- *Calcium fluoratum, Silicea*
- Lähmung: *Kalium phosphoricum, Silicea*

(Langzeitbehandlung mit Tabletten und Salben)

Schluckauf

- *Magnesium phosphoricum* (»heiße Sieben«)

Schluckbeschwerden (siehe auch Erkältungen)

- bei Erkältung, Entzündung: *Ferrum phosphoricum, Kalium chloratum, Silicea*

Schmerzen (siehe auch Kopf, Kopfschmerzen)

- alle krampfartig auftretenden Schmerzen wie Koliken, Bauchweh, Krämpfe in den Gliedmaßen, schießender Kopfschmerz, Migräne, Ischias, Bandscheibenschmerzen, Rheuma- oder Gichtanfälle und Muskelschmerzen von Überanstrengung: *Magnesium phosphoricum* (»heiße Sieben« und Salbe) und *Ferrum phosphoricum* (letzteres vor allem bei Schmerzen von Wunden und Entzündungen)

- Juckreiz von nervlicher Irritation und bei Frostbeulen: *Kalium phosphoricum*
- Schmerzen in den Beinen, Schweregefühl und schlechte Durchblutung, Rückenschmerzen: *Calcium fluoratum*
- tiefsitzende Schmerzen in den Knochen und Gelenken, schlimmer bei Nacht, Taubheitsgefühl, besser durch Bewegung: *Calcium phosphoricum*
- Schmerzen mit Schwellungen im Gesicht, Kiefer, Mandelentzündung, begleitet von weißen, fibrinösen Absonderungen; Magenschmerzen nach dem Genuß von fettigen Speisen: *Kalium chloratum*
- Schmerzen durch Verbrennungen: *Kalium chloratum* (Erste Hilfe)
- Schmerzen im Magen mit Völlegefühl, schlimmer am Abend oder in geheizten Räumen; wellenartes Auftreten der Schmerzen: *Kalium sulfuricum*; wenn eine Entzündung vorliegt: zusätzlich *Ferrum phosphoricum*
- Schmerzen bei wäßriger Absonderung (Tränen, Schleim aus der Nase, Urin), Pulsieren durch den ganzen Körper fühlbar, Juckreiz mit Hautaffektionen, die wäßrig gefüllt sind: *Natrium chloratum*

- Bauchschmerzen, von gestörter Verdauung, meist mit zuviel Säure, Sodbrennen, saures Aufstoßen, Juckreiz in Nase und Anus sind oft ein Hinweis auf Übersäuerung: *Natrium phosphoricum*
- Schmerzen durch Leberstörungen, Übelkeit, Kopfschmerzen: *Natrium sulfuricum*
- Schmerzen durch Abszesse, eitrige Vorgänge, lange anhaltende, ältere Wunden: *Silicea, Calcium sulfuricum*

(Schmerzen, die von chronischen Krankheiten herrühren, sind mit den Mineralstoffen zu behandeln, die unter dem Namen der Krankheit angegeben sind)

Schnupfen (siehe auch Erkältungen und Grippe)
- am Beginn eines Schnupfens: *Ferrum phosphoricum*
- wundmachender, wäßriger Fließschnupfen mit entzündeten Schleimhäuten: *Natrium chloratum, Calcium carbonicum* (E)
- mit verstopfter Nase: *Kalium sulfuricum*
- mit gelblich-grüner Absonderung: *Calcium sulfuricum, Silicea*
- chronisch, trocken, oft wunde Nase: *Silicea*

*Schock**
- *Magnesium phosphoricum* (»heiße Sieben«), *Calcium phosphoricum*

Schrunden (siehe Haut)

Schuppen (siehe Haare)

Schuppenflechte (siehe Psoriasis)

Schüttelfrost (siehe Fieber)

Schwächezustand
- nervöse Schwäche, Überanstrengung: *Kalium phosphoricum, Silicea, Magnesium phosphoricum*
- körperliche Schwäche, Rekonvaleszenz: *Calcium phosphoricum, Ferrum phosphoricum, Kalium phosphoricum*
- psychische Schwäche, Depression: *Kalium phosphoricum, Magnesium phosphoricum, Lithium chloratum* (E)

Schwangerschaft
- morgendliches Erbrechen, Übelkeit, Sodbrennen: *Natrium phosphoricum, Calcium phosphoricum*
- Schwangerschaftsstreifen *(Striae)*, Vorbeugung: *Calcium fluoratum* (Tabletten und Salbe), *Calcium phosphoricum, Silicea*

Schweiß (siehe auch Hitzewallungen)
- ätzend, scharf: *Natrium chloratum, Silicea*
- übelriechend, wundmachend: *Natrium sulfuricum, Kalium chloratum, Silicea*
- sauer riechend: *Natrium phosphoricum*
- übermäßige Schweißabsonderung ohne Belastung: *Natrium chloratum, Silicea*
- Nachtschweiß, schwächend: *Calcium phosphoricum, Kalium phosphoricum, Ferrum phosphoricum*

- ausgleichend bei Schweißdrüsenunter- oder -überfunktion: *Silicea, Calcium phosphoricum*

Schwellungen
- frische Schwellungen durch Unfälle, gerötet: *Ferrum phosphoricum* (Tabletten und Salbe)
- mit Bluterguß: *Calcium fluoratum, Silicea* (Tabletten und Salben); bei Eiterbildung zusätzlich: *Calcium sulfuricum, Silicea*
- Verhärtung bei länger bestehenden Schwellungen: *Calcium fluoratum* (Tabletten und Salbe)

Schwerhörigkeit (siehe Ohren)

Schwielen
- *Calcium fluoratum* (Tabletten und Salbe)

Schwindel (siehe auch Vertigo)*
- mit Kreislaufstörungen: *Kalium sulfuricum, Kalium aluminium sulfuricum* (E)
- bei älteren Menschen, durch schlechte Durchblutung des Gehirns: *Calcium phosphoricum*
- Drehschwindel: *Kalium phosphoricum, Calcium phosphoricum*
- beim Bücken: *Silicea*
- durch Nackenschmerzen: *Calcium phosphoricum, Silicea*
- mit Schwächezustand und Nervosität: *Kalium phosphoricum, Magnesium phosphoricum, Natrium chloratum*

- mit Schweißausbruch: *Silicea, Natrium chloratum*

Seekrankheit (siehe Reisekrankheit)

Sehnen
- Sehnenscheidenentzündung: *Calcium fluoratum, Ferrum phosphoricum, Kalium chloratum, Silicea* (Tabletten und Salben)
- Sehnenzerrungen: *Calcium fluoratum, Calcium phosphoricum*
- Sehnenverkürzung oder -verhärtung: *Calcium fluoratum, Silicea, Calcium phosphoricum*
- Sehnenschmerzen: *Magnesium phosphoricum, Calcium phosphoricum*

(bei allen Beschwerden können Tabletten und Salben angewendet werden)

Sehschwächen (siehe Augen)

Sexualbeschwerden
- Frauen mit Schmerzen beim Verkehr: *Magnesium phosphoricum, Calcium fluoratum*
- trockene Scheide: *Natrium chloratum*
- nervöse Störungen: *Kalium phosphoricum, Magnesium phosphoricum, Kalium sulfuricum*
- ausgleichend bei zu starkem oder zu schwachem Trieb: *Calcium phosphoricum, Magnesium phosphoricum*
- Unlust: *Ferrum phosphoricum, Calcium phosphoricum*

Sinusitis (Stirnhöhlenkatarrh)

- im ersten Entzündungsstadium: *Ferrum phosphoricum*; zusätzlich das Mittel, das zur Absonderung paßt:
- mit eiweißartiger, weißer Absonderung: *Calcium phosphoricum, Kalium chloratum*
- mit klarer, wäßriger, wundmachender Absonderung: *Natrium chloratum*
- mit dicker, gelbgrüner Absonderung: *Kalium sulfuricum*
- mit gelber, klumpiger Absonderung und Schmerzen an den Stirnhöhlenknochen: *Calcium fluoratum, Silicea*
- mit eitriger Absonderung: *Calcium sulfuricum*; wenn die Stirnhöhlenknochen schmerzen, zusätzlich *Calcium fluoratum*

(siehe auch Mineralsalz-Kombination P)

Sodbrennen (siehe auch Magen)

- *Natrium phosphoricum, Natrium sulfuricum*
- mit Magenkrämpfen: *Magnesium phosphoricum*

Sommersprossen

- *Kalium sulfuricum, Kalium chloratum* (Langzeitbehandlung)

Sonnenbrand

- im ersten Stadium mit starker Rötung: *Ferrum phosphoricum* (Tabletten, Salbe dick auftragen)
- bei Blasenbildung: *Natrium chloratum, Ferrum phosphoricum* (Tabletten und Salben)
- mit Eiterbildung zusätzlich: *Silicea* (Tabletten und Salbe)

Sonnenstich
- *Natrium chloratum, Kalium phosphoricum*
- mit Fieber: *Ferrum phosphoricum*

Soor (siehe »Biochemische Behandlung für Kinder«, Seite 159)

Spulwürmer (siehe Würmer)

Stillen
- zur besseren Milchbildung: *Calcium phosphoricum, Natrium chloratum*
- bei zuviel Milch: *Natrium sulfuricum*
- bei heißer Brust: *Ferrum phosphoricum, Magnesium phosphoricum*
- knotige Brust, mit Milchstau: *Kalium chloratum, Magnesium phosphoricum*
- rissige, entzündete Brustwarzen: *Calcium fluoratum, Ferrum phosphoricum*
- Abstillen: *Natrium sulfuricum*
- Unruhe, Nervosität: *Kalium phosphoricum*

Stimmbänder (siehe Hals)

Stirnhöhlenkatarrh (siehe Sinusitis, Erkältungen, Nase)

Stoffwechselstörungen (siehe auch Darm, Leber, Galle)
- *Ferrum phosphoricum, Kalium sulfuricum, Natrium sulfuricum, Calcium sulfuricum*
- Störungen des Fettstoffwechsels: *Natrium phosphoricum*

Stottern (siehe Mund)

Talgdrüsen (siehe auch Haut)

- Bildung von zuviel Talg, Mitesser: *Natrium phosphoricum*
- bei Entzündung und Pickelbildung: *Ferrum phosphoricum, Silicea* (Tabletten und Salben)
- erweiterte Poren bei zu fettiger Haut: *Silicea, Calcium fluoratum, Arsenum jodatum* (E)

Taubheitsgefühl

- *Ferrum phosphoricum, Calcium phosphoricum, Silicea*

Tennisarm

- im Entzündungsstadium, mit Schmerzen: *Ferrum phosphoricum, Magnesium phosphoricum* (»heiße Sieben«)
- nach Abklingen der Entzündung zur Vorbeugung: *Natrium phosphoricum, Kalium phosphoricum, Calcium phosphoricum, Calcium fluoratum*

Tinnitus (siehe Ohren)

*Thrombose**

- *Ferrum phosphoricum, Kalium chloratum, Silicea*

Tonsillitis (siehe Mandeln)

Tränendrüsen (siehe auch Augen)

- zu häufiges Weinen: *Magnesium phosphoricum, Kalium phosphoricum*

- Tränenfluß von Kälte oder Zugluft: *Natrium chloratum*
- Tränenkanalentzündung: *Ferrum phosphoricum, Calcium sulfuricum, Silicea*
- verstopfter Tränenkanal: *Natrium chloratum, Kalium chloratum*

Übelkeit (siehe auch Magen)
- von zu fettem Essen: *Ferrum phosphoricum, Natrium phosphoricum*
- bei Migräne: siehe Mineralsalz-Kombination F
- am Morgen bei Kindern (Schulangst): *Kalium phosphoricum*

Überbeine und knorpelige Wucherungen
- Langzeitbehandlung: *Calcium fluoratum, Calcium phosphoricum*

Übersäuerung (siehe Acidose)

Unlust
- zu körperlicher Tätigkeit: *Natrium phosphoricum, Ferrum phosphoricum, Calcium phosphoricum*
- zu geistiger Tätigkeit: *Kalium phosphoricum, Ferrum phosphoricum*
- sexuelle Unlust: *Ferrum phosphoricum, Calcium phosphoricum*

Unruhe
- in Händen und Füßen, besonders vor dem Einschlafen: *Magnesium phosphoricum* (»heiße Sieben«)

- nervöse Unruhe, Angst: *Kalium phosphoricum, Calcium phosphoricum, Ferrum phosphoricum*
- unruhiger Schlaf: *Kalium phosphoricum*

Unterleibsschmerzen (siehe auch Menstruation)
- krampfartig*: *Magnesium phosphoricum*
- mit übelriechenden, eitrigen Absonderungen: *Calcium sulfuricum, Kalium phosphoricum*

Unterschenkelgeschwüre (siehe auch Geschwüre und Beine)
- offene Wunden, Entzündungen: *Ferrum phosphoricum* (Tabletten und Salbe), *Kalium chloratum, Kalium sulfuricum*
- bei Eiterbildung: *Calcium sulfuricum, Silicea* (Tabletten und Salben)
- schlecht heilende, lange bestehende Wunden: *Calcium phosphoricum, Silicea* (Tabletten und Salben), *Natrium phosphoricum, Arsenum jodatum* (E)
- verhärtete, krustige Wunden: *Calcium fluoratum, Silicea*

Vegetatives Nervensystem
- zum Aufbau bei nervöser Erschöpfung: *Kalium phosphoricum, Calcium phosphoricum, Magnesium phosphoricum*

Venenentzündungen
- bei Entzündung und zur Vorbeugung von Infektionen: *Ferrum phosphoricum, Kalium phosphoricum*

- zur Förderung der Elastizität der Venen: *Calcium fluoratum*
- Vorbeugung bei Thrombosegefahr: *Kalium chloratum, Natrium chloratum*

Verbrennungen

- als Erste-Hilfe-Maßnahme: *Kalium chloratum* (Tabletten innerlich und äußerlich, Salbe)
- mit Eiterbildung: *Calcium sulfuricum, Silicea*
- mit Blasenbildung: *Natrium chloratum, Ferrum phosphoricum*
- mit starker Narbenbildung, »wildem Fleisch«: *Calcium fluoratum, Kalium chloratum, Silicea* (Tabletten und Salben)

Verdauung (siehe Magen und Darm)

Vergeßlichkeit

- *Calcium fluoratum, Ferrum phosphoricum, Kalium phosphoricum*

*Vergiftungen**

- Alkoholvergiftung: *Kalium chloratum, Natrium chloratum, Natrium sulfuricum*
- durch Impfung, Medikamente, Narkosegifte: *Kalium chloratum, Natrium bicarbonicum* (E), *Natrium sulfuricum*
- von Schlangen- oder Zeckenbiß*: *Kalium phosphoricum, Kalium chloratum, Kalium sulfuricum, Natrium sulfuricum*
- durch Fleisch oder Fisch*: *Kalium phosphoricum,*

Magnesium phosphoricum, Natrium chloratum, Natrium sulfuricum

- durch Nikotin und Rauch: *Natrium sulfuricum, Kalium phosphoricum, Magnesium phosphoricum*

Verkalkung

- zur Vorbeugung: *Calcium fluoratum, Calcium phosphoricum, Ferrum phosphoricum, Silicea*

Verletzungen

- Quetschungen, Verstauchungen, Schlag- und Schnittwunden: *Ferrum phosphoricum, Silicea* (Tabletten und Salben)
- Schwellungen: *Kalium chloratum*
- Knochenprellungen und -brüche: *Calcium fluoratum, Calcium phosphoricum*

Verstopfung (siehe Darm)

Vertigo (Schwindelanfälle)

- von Blutfülle im Kopf mit klopfenden, schießenden Kopfschmerzen: *Ferrum phosphoricum*
- Schwindel, nervös, schlimmer beim Aufstehen oder Kopfheben: *Kalium phosphoricum*
- Schwindel von Magenbeschwerden, mit bitterem Geschmack im Mund und dem Gefühl, auf die rechte Seite zu fallen: *Natrium sulfuricum*
- Schwindel durch Magenbeschwerden, saures Aufstoßen, Appetitverlust: *Natrium phosphoricum, Natrium sulfuricum*

- Schwindel durch optische Defekte, dunkle Flecken vor den Augen: *Magnesium phosphoricum*

Völlegefühl
- im Magen: *Kalium sulfuricum, Natrium phosphoricum*

Wachstumsschmerzen
- *Calcium phosphoricum, Calcium fluoratum*

Wadenkrampf (siehe Krämpfe)

Wechseljahre
- Schlafstörungen: *Kalium phosphoricum, Magnesium phosphoricum*
- Hitzewallungen: *Ferrum phosphoricum, Magnesium phosphoricum, Natrium chloratum*
- Depressionen, Weinkrämpfe: *Kalium phosphoricum, Calcium phosphoricum, Natrium chloratum, Lithium chloratum* (E)
- Blutungen*: *Ferrum phosphoricum, Calcium phosphoricum*
- Weißfluß: *Kalium chloratum*

Weißfluß
- *Kalium chloratum*

Windpocken (siehe auch »Biochemische Behandlungen für Kinder«, Seite 159)
- zu Beginn in der Fieberphase: *Ferrum phosphoricum*

- bei Ausbruch des Windpockenausschlags: *Ferrum phosphoricum, Kalium chloratum*
- wenn die Haut sich schuppt: *Kalium sulfuricum*
- zum Aufbau nach der Krankheit: *Calcium phosphoricum, Silicea*

Wunden (siehe auch Eiterungen, Verletzungen und Verbrennungen)

- als Erste-Hilfe-Maßnahme: *Ferrum phosphoricum* (Tabletten und Salbe)
- mit Fieber: *Kalium phosphoricum*
- gegen Blutvergiftung: *Kalium phosphoricum*
- Schwellungen: *Kalium chloratum*
- mit Eiterbildung: *Calcium sulfuricum, Silicea*
- schlecht heilend: *Natrium phosphoricum, Calcium sulfuricum*
- wulstige Narbenbildung: *Calcium fluoratum, Kalium chloratum*
- brandig, übelriechend: *Kalium phosphoricum*

Wundliegen (siehe »Biochemische Behandlungen für Kinder«, Seite 159)

Würmer

- gegen alle Arten von Darmparasiten: *Natrium phosphoricum, Natrium sulfuricum, Natrium chloratum, Silicea*

Zähne

- exzessiver Speichelfluß (Kinder): *Natrium chloratum*

- spät, zu langsam, zerfallen rasch (Zahnen bei Kindern): *Calcium phosphoricum*
- Zahnschmelz ist rauh, deshalb rascher Zerfall; Zähne sitzen lose (Kinder): *Calcium fluoratum, Calcium phosphoricum*
- Entzündung mit Zahnschmerzen, Blutung nach Extrahierung: *Ferrum phosphoricum, Kalium chloratum*
- Zahnfleischbluten mit Mundgeruch: *Kalium phosphoricum*
- Zahnfleisch ist geschwollen und schmerzt: *Silicea, Calcium phosphoricum*
- Zähne sind empfindlich auf heiß-kalt oder Berührung: *Magnesium phosphoricum*
- Zähneknirschen im Schlaf: *Natrium phosphoricum*
- Parodontose, Zähne sitzen locker, bewegen sich: *Calcium fluoratum, Calcium phosphoricum, Magnesium phosphoricum*
- tiefsitzender Zahnschmerz*: *Silicea*
- Eiterzahn mit Entzündung des Zahnfleischs: *Ferrum phosphoricum, Calcium sulfuricum*
- neuralgische Kieferschmerzen*: *Natrium chloratum*
- Karies: *Calcium phosphoricum, Calcium fluoratum*
- schießende, krampfartige Zahnschmerzen*: *Magnesium phosphoricum* (»heiße Sieben«)
- Schwellung des Zahnfleisches oder der Kiefer: *Kalium chloratum, Ferrum phosphoricum*
- Verschlimmerung im warmen Raum: *Kalium sulfuricum*
- Verbesserung im Freien: *Kalium sulfuricum*

- Geschwür an der Zahnwurzel: *Calcium sulfuricum*
- gelber Zahnbelag: *Kalium phosphoricum*

Zehennägel (siehe Nägel)

Zellaufbau und Regeneration
- *Calcium phosphoricum, Kalium phosphoricum, Natrium chloratum, Silicea*

Ziegenpeter (siehe Mumps)

Zittern
- von innerer Unruhe und Angst: *Magnesium phosphoricum* (»heiße Sieben«)
- von körperlicher Schwäche: *Calcium phosphoricum, Silicea*
- bei Fieber, Schüttelfrost: *Ferrum phosphoricum, Kalium phosphoricum*
- ständiges Frösteln, Mangel an Eigenwärme: *Natrium chloratum*

Zuckerkrankheit (siehe Diabetes mellitus)

Zuckungen (siehe Nerven)

Zunge
- Blasen auf der Zungenspitze: *Natrium chloratum, Calcium phosphoricum*
- chronische Schwellung: *Calcium fluoratum*
- sauber und rot: *Ferrum phosphoricum*

- Zungenbelag klar, schleimig, wäßrig: *Natrium chloratum*
- schmutzig, grünlich-grau, bitterer Geschmack: *Natrium sulfuricum*
- Zungenbelag goldgelb, hinten: *Natrium phosphoricum*
- Zungenbelag grauweiß: *Kalium chloratum*
- Zungenbelag wie bräunlicher Senf, widerlicher Mundgeruch: *Kalium phosphoricum*
- Zungenbelag gelb und schleimig: *Kalium sulfuricum*
- Zungenbelag dunkelrot und entzündet: *Ferrum phosphoricum*
- Zungenbelag trocken am Morgen: *Kalium phosphoricum*
- Taubheitsgefühl: *Calcium phosphoricum*
- Geschwüre: *Silicea*

*Zysten**
- Unterleibszysten, Zahnzysten: *Calcium phosphoricum, Calcium sulfuricum, Kalium jodatum* (E), *Arsenum jodatum* (E)
- mit Entzündung zusätzlich: *Ferrum phosphoricum*

Bevorzugte Zeiten für die Einnahme der Mineralstoffe

Nr. 1 Calcium fluoratum	abends
Nr. 2 Calcium phosphoricum	morgens und nachmittags
Nr. 3 Ferrum phosphoricum	morgens bis ca. 16 Uhr
Nr. 4 Kalium chloratum	nachmittags
Nr. 5 Kalium phosphoricum	nachmittags und abends
Nr. 6 Kalium sulfuricum	nachmittags bis abends
Nr. 7 Magnesium phosphoricum	abends
Nr. 8 Natrium chloratum	mittags ca. 12 bis 15 Uhr
Nr. 9 Natrium phosphoricum	abends
Nr. 10 Natrium sulfuricum	vormittags
Nr. 11 Silicea	vormittags
Nr. 12 Calcium sulfuricum	vormittags

Erfahrungsberichte von Patienten

Lutz, 9 Jahre alt, hatte Zeckenfieber. Er lag apathisch in seinem Bett, wollte nichts essen, nur wenig trinken. Jede Bewegung fiel ihm sichtlich schwer. Leider war ärztliche Betreuung zu diesem Zeitpunkt nicht möglich. Es wurde in 10minütigen Abständen *Kalium phosphoricum*, *Kalium chloratum*, *Kalium sulfuricum* und *Natrium sulfuricum* in den ersten 6 Stunden abwechselnd gegeben. Danach wurden die Zeitabstände allmählich vergrößert, und nach 2 Tagen kehrte der Appetit zurück, und nach weiteren 2 Tagen war von der Krankheit nichts mehr festzustellen. Es wurde eine ärztliche Nachuntersuchung durchgeführt – ohne Befund! Es wurden noch einige Wochen lang die genannten Mineralsalze gegeben, um das Blut zu reinigen und aufzubauen.

Die kleine Karin, 1½ Jahre alt, hatte Schwierigkeiten mit dem Zahnen. Das Zahnfleisch war gerötet und geschwollen, und das Zähnchen wollte nicht durchkommen. Es wurden zunächst *Ferrum phosphoricum* und *Kalium phosphoricum* abwechselnd gegeben; letzteres, weil das Kind unruhig und übellaunig war. Später war die Verabreichung von *Calcium fluoratum* und *Calcium phosphoricum* eine sehr hilfreiche Kombination für das weitere Zahnen und das Gedeihen gesunder Zähne und Knochen.

Eine junge Mutter beklagt sich über den mangelnden Appetit ihres 6 Monate alten Sohnes Felix. Er schläft außerdem schlecht und zu wenig, ist meist unzufrieden und entwickelt sich körperlich nur langsam. Es wurden ihm *Calcium fluoratum*, *Calcium phosphoricum* und *Kalium phosphoricum* abwechselnd gegeben. Bereits nach einer Woche waren positive Veränderungen in seinem Eß- und Schlafverhalten sichtbar geworden. Eine kleine Dosierung wurde zunächst beibehalten und dann immer wieder mit anderen Mineralsalzen über die gesamte Kindheit abgewechselt. Er wuchs zu einem kräftigen, gesunden Jungen heran.

Eine Patientin, 42 Jahre alt, klagte darüber, daß sie abends, sobald sie sich zum Schlafen niederlegt, heftiges nervöses Herzklopfen bekam. Es wurde ihr die Einnahme von *Magnesium phosphoricum* tagsüber und 4 Tabletten *Kalium phosphoricum* kurz vor dem Schlafengehen empfohlen. Außerdem wurde ihr geraten, ab sofort nur noch koffeinfreien Kaffee zu trinken. Die nervösen Störungen waren schnell verschwunden, und der Schlaf war wieder ruhig und erholsam.

Eine Patientin, 24 Jahre alt, bekam häufig Herpes simplex (Fieberbläschen) an den Lippen, vor allem wenn Erkältungen auftraten. »Ich bin bereit, alles zu probieren, um diese unangenehmen Blasen loszukriegen«, sagte sie zu der Verkäuferin im Reformhaus. Diese gab ihr den Tip, einmal biochemische Mineralsalze zu probieren. Empfohlen wurden ihr *Ferrum phosphoricum* und

Kalium chloratum. Später erzählte sie, daß sie äußerst erstaunt gewesen sei, wie schnell die Schwellung abnahm und die Bläschen abheilten. Die Patientin nahm weiterhin beide Mittel in kleiner Dosierung. Während dieser Zeit kam der Herpes nicht zurück.

Eine Patientin, 35 Jahre alt, kam zu mir in die Praxis zur Gesichtsbehandlung. Sie äußerte sich enttäuscht darüber, daß sie bereits jetzt schon so viele Falten, vor allem Krähenfüße, um die Augen habe, und fragte, ob ich denn einen Rat wüßte.
Ich schlug ihr vor, ihre Eßgewohnheiten zu überdenken und, wenn nötig, zu ändern. Sie solle möglichst wenig Fleisch und Milchprodukte zu sich nehmen, statt dessen viel leicht gedämpftes Gemüse und Salate verzehren sowie den Tag mit Obst beginnen. Ich erklärte ihr, daß der Körper dadurch entsäuert und entschlackt werde und daß sich in einem solchen Milieu die Mineralsalze von Dr. Schüssler besonders gut entfalten könnten. Ich empfahl ihr, *Silicea* D12, *Calcium fluoratum* D12 und *Natrium phosphoricum* D6 einzunehmen. Sie solle außerdem die *Silicea*-Salbe als Nachtcreme abwechselnd mit ihrer ansonsten angewendeten Creme benützen. Beim nächsten Termin nach 4 Wochen sah man bereits eine deutliche Verbesserung des Hautbildes, und nach etwa einem halben Jahr waren die Falten fast nicht mehr sichtbar. Die Patientin berichtete außerdem über ein viel besseres ganzheitliches Wohlbefinden.

Ein Patient, 29 Jahre alt, hatte einen Mandelabszeß. Bei beginnenden Entzündungsschmerzen nahm er stündlich *Ferrum phosphoricum.* Nach zwei Tagen war der Abszeß prall mit Eiter gefüllt, denn das Mineral hatte ihn reifen lassen. In der Notaufnahme des nahe gelegenen Krankenhauses wurde der Abszeß nach großen Dosen Antibiotika geöffnet. Die Ärzte meinten, der Abszeß könne jederzeit wiederkommen, und warnten vor einer neuen Entzündung. Der Patient nahm während des zweitägigen Krankenhausaufenthalts weiterhin *Ferrum phosphoricum*, abwechselnd mit *Kalium chloratum* und *Silicea.* Am Abend des zweiten Krankenhaustags war die Wunde völlig abgeschwollen, und die Ärzte waren sehr erstaunt über den raschen Heilungsverlauf. In diesem Fall behielt der Patient sein Mineralstoff-Geheimnis für sich!

Ein Ehepaar, beide mittleren Alters, hatte sich wieder einmal zum Abnehmen entschlossen. »Dieses Mal machen wir es aber anders«, sagte der Ehemann, dem die Kalorienzählerei und das Hungern kräftig auf die Nerven gingen. Sie waren beide bei einem Vortrag über gesunde Ernährung und hörten dort das erste Mal von den Schüssler-Funktionsmitteln. Die vortragende Heilpraktikerin empfahl, nach 17 Uhr nichts mehr zu essen und außerdem die Einnahme von *Natrium sulfuricum, Natrium phosphoricum*, welche die Stoffwechselprozesse wie Fettverbrennung, Entwässerung und Entgiftung anregen.
»So geht die Reduzierung des Körpergewichts zwar

langsam, aber stetig vor sich, und das Wohlbefinden steigert sich enorm«, teilte das Ehepaar erfreut mit. Nach 10 Wochen hatte die Ehefrau 8 Pfund und ihr Mann 10 Pfund abgenommen.

Eine Patientin, 20 Jahre alt, litt an der Raynaudschen Krankheit und hatte ständig kalte Hände und Füße, die sich bereits bei geringer Kälte blau färbten. Sie zeigte sich ängstlich und scheute größere Entscheidungen und Unternehmungen. Eine Heilpraktikerin verabreichte ihr nach eingehender Anamnese *Silicea* in einer hohen Potenz. Die Symptome verschwanden rasch und vollkommen.

Eine Patientin, 55 Jahre alt, hat Krampfadern, die sich dunkelblau über ihre Beine schlängeln. Auch Besenreiser sind seit Jahren zu sehen, so daß eine starke Bindegewebeschwäche zu vermuten ist. Auf Empfehlung eines Heilpraktikers nahm sie über längere Zeit täglich die drei Mineralstoffe *Calcium fluoratum, Calcium phosphoricum* und *Silicea* ein. Der Heilpraktiker riet ihr gleichzeitig heiß-kalte Wechselduschen und eine leichte Einreibung an den Beinen mit *Silicea*- und *Calcium-fluoratum*-Salbe wechselweise durchzuführen.
Nach einem halben Jahr waren die Krampfadern flacher, nicht mehr so dunkel und insgesamt weniger auffällig.
Vor operativen Eingriffen ist eine Vorbereitung mit diesen Mineralstoffen von großem Vorteil, da sie die Elastizität der Gefäße wiederherstellen und der Thrombosegefahr entgegenwirken.

Register

Teresa Kennedy

Gesundheit durch Aktivierung der fünf Sinne

Heilung durch Genießen scheint zunächst ein Widerspruch zu sein. Dieser ganzheitliche Ansatz zeigt aber, wie man durch Aktivierung der fünf Sinne das körperliche und psychische Wohlbefinden wiederherstellt. Lernen Sie, durch Ihre Sinne Ihre wahren inneren Bedürfnisse zu erkennen, und entwickeln Sie ein komplettes Wellnessprogramm für Körper und Seele.

Cathy Hopkins

92 Wege zur Entspannung

Cathy Hopkins stellt 92 erprobte und einfache Methoden vor, um in wenigen Minuten Entspannung von Körper und Geist zu erreichen. Alle sind zur akuten Streßbewältigung geeignet und können auch untereinander kombiniert werden, um ein persönliches Entspannungsprogramm zu entwickeln.

Knaur
MensSana

Ravi und Carola Roy

Selbstheilung durch Homöopathie

Möglichkeiten medizinischer Selbsthilfe, die für jeden anwendbar sind. Durch die übersichtliche Gliederung und die jedem Kapitel zugeordneten Symptom-Verzeichnisse ermöglicht das Buch das schnelle Erkennen des richtigen Mittels.

L. P. Huijsen

Der Homöopathie-Führer

Übersichtlich nach Organsystemen geordnet, werden Krankheiten und deren Symptome in alphabetischer Reihenfolge besprochen. Zu jeder Erkrankung sind die wichtigsten homöopathischen Einzel- und Mischmittel genannt sowie die passende Dosierung.